CB070983

**EDITORA intersaberes**

DIALÓGICA

O selo DIALÓGICA da Editora InterSaberes faz referência às publicações que privilegiam uma linguagem na qual o autor dialoga com o leitor por meio de recursos textuais e visuais, o que torna o conteúdo muito mais dinâmico. São livros que criam um ambiente de interação com o leitor – seu universo cultural, social e de elaboração de conhecimentos –, possibilitando um real processo de interlocução para que a comunicação se efetive.

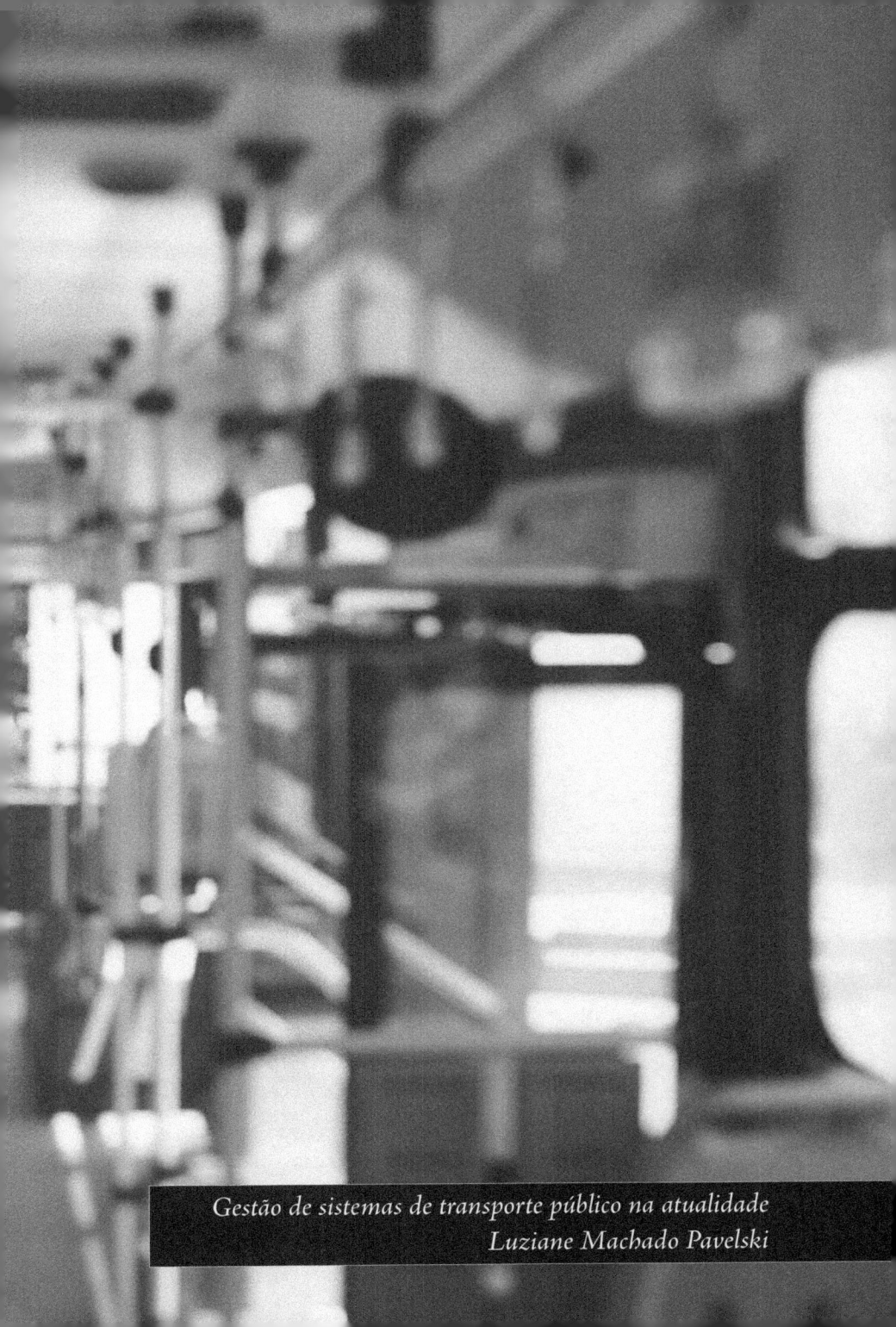

*Gestão de sistemas de transporte público na atualidade*
*Luziane Machado Pavelski*

**EDITORA intersaberes**

Rua Clara Vendramin, 58 • Mossunguê
CEP 81200-170 • Curitiba • PR • Brasil
Fone: (41) 2106-4170
www.intersaberes.com
editora@editoraintersaberes.com.br

| | |
|---:|:---|
| conselho editorial • | Dr. Ivo José Both (presidente) |
| | Dr.ª Elena Godoy |
| | Dr. Neri dos Santos |
| | Dr. Ulf Gregor Baranow |
| editora-chefe • | Lindsay Azambuja |
| gerente editorial • | Ariadne Nunes Wenger |
| assistente editorial • | Daniela Viroli Pereira Pinto |
| preparação de originais • | Jéssica Gomes de Gusmão da Silva |
| edição de texto • | Gustavo Piratello de Castro |
| | Mille Foglie Soluções Editoriais |
| capa • | Débora Gipiela (*design*), Nick Starichenko e AstroStar/Shutterstock (imagens) |
| projeto gráfico • | Raphael Bernadelli |
| fotografias de abertura • | Makistock/Shutterstock |
| diagramação • | Muse design |
| equipe de design • | Débora Gipiela |
| iconografia • | Maria Elisa Sonda e Regina Claudia Cruz Prestes |

Dados Internacionais de Catalogação na Publicação (CIP)
(Câmara Brasileira do Livro, SP, Brasil)

+ + +

Pavelski, Luziane Machado
   Gestão de sistemas de transporte público na atualidade/Luziane Machado Pavelski. Curitiba: InterSaberes, 2020.

   Bibliografia.
   ISBN 978-65-5517-730-5

   1. Administração pública 2. Transportes 3. Transportes – Administração I. Título.

20-39611                    CDD-354.769

+ + +

Índices para catálogo sistemático:
1. Transporte público: Administração pública    354.769
Maria Alice Ferreira – Bibliotecária – CRB – 8/7964

1ª edição, 2020.

Foi feito o depósito legal.

Informamos que é de inteira responsabilidade da autora a emissão de conceitos.

Nenhuma parte desta publicação poderá ser reproduzida por qualquer meio ou forma sem a prévia autorização da Editora InterSaberes.

A violação dos direitos autorais é crime estabelecido na Lei n. 9.610/1998 e punido pelo art. 184 do Código Penal.

❖ ❖ ❖

# Sumário

Apresentação, xvi

Como aproveitar ao máximo este livro, xxii

Introdução, xxviii

    capítulo um    Surgimento do transporte público, 32

        1.1    Transporte público no mundo, 34

        1.2    Transporte público no Brasil , 41

        1.3    A importância do transporte público, 42

        1.4    Ciclos da imobilidade: morfologia urbana e transporte público, 44

        1.5    Conceitos básicos do sistema de transporte, 48

        1.6    Breve panorama dos deslocamentos no Brasil, 56

    capítulo dois    Estrutura da gestão de sistemas de transporte público, 64

        2.1    Grau de intervenção governamental: tendências tipológicas estruturais, 66

        2.2    Modelos de gestão, 68

        2.3    Gestão de sistemas de transporte: conceito, níveis e atribuições, 69 *capítulo três* **Gestão de sistema de transporte público e marcos regulatórios, 82**

    3.1  Tratamento do transporte na Constituição Federal, 84

    3.2  Tratamento do transporte no Estatuto da Cidade, 85

    3.3  Leis anteriores à Política Nacional de Mobilidade Urbana, 88

    3.4  Política Nacional de Mobilidade Urbana, 89

    3.5  Outras leis importantes para a gestão de sistemas de transporte público, 97

    3.6  Plano Diretor, 100

*capítulo quatro* **Gestão dos sistemas de transporte público, 110**

    4.1  Planejamento em três níveis, 114

    4.2  Gestão em âmbito municipal, 117

    4.3  Avaliação e monitoramento, 129

    4.4  Concessão, 132

    4.5  Financiamento do sistema de transporte público, 142

    4.6  Estrutura tarifária, 143

*capítulo cinco* **Experiências internacionais, 154**

    5.1  Fontes alternativas de financiamento, 156

    5.2  Política tarifária: o caso de Frankfurt, 157

    5.3  Boas práticas , 158

    5.4  Soluções internacionais para o serviço de transporte, 158

*capítulo seis*    Incremento da tecnologia aplicada à melhoria do transporte público, 168

         6.1    Emprego da tecnologia: da gestão à operação, 170

         6.2    Smart City e Smart Mobility, 172

         6.3    Sistemas Inteligentes de Transporte, 173

         6.4    Contribuições da tecnologia para os sistemas de transporte público, 177

*Considerações finais*, 184

*Lista de siglas*, 188

*Referências*, 191

*Respostas*, 200

*Sobre a autora*, 207

*Dedicatória*

A meu esposo, a minha filha,

a meus familiares, amigos e professores,

e, principalmente, a Deus.

*Epígrafe*

*É preciso ter compreensão para ver os complexos sistemas de ordem funcional como ordem, e não como caos\*.*

◆ ◆ ◆

\* Jane Jacobs
(2011, p. 419)

# Prefácio

Brilhante e atenta pesquisadora, mestra e escritora, a Professora Luziane Machado Pavelski tem sido, desde sua graduação em Engenharia Civil, uma grande apaixonada pela área de transportes. Sua preocupação com o tema no desenvolvimento de sua dissertação foi além de sua formação acadêmica, traduzindo-se na elaboração de artigos, aulas e palestras.

Objeto de análise na obra *Gestão de sistemas de transporte público na atualidade* e um dos principais meios de locomoção, o transporte público surgiu quase concomitantemente à Revolução Industrial. O que antes era produzido em casa passou a ser confeccionado em grandes maquinários, exigindo deslocamentos, por exemplo, para o trabalho. Assim, iniciou-se o processo de desenvolvimento das cidades e, com ele, a mobilidade urbana. Para que ela transcorresse de forma sustentável e positiva, o transporte público assumiu papel fundamental – nos deslocamentos, na economia, na qualidade de vida, na sociedade e na saúde da cidade.

Nesse contexto, a autora apresenta nesta obra vários apontamentos para o sucesso da gestão e da implantação do sistema de transporte público, de forma a contribuir com um futuro mais sustentável e inteligente para nossos municípios. Para tanto, conceitos básicos, legislação, modelos de gestão, noções de financiamento, emprego de tecnologias e alguns exemplos de experiências positivas são aqui abordados.

A qualidade da narrativa ora apresentada, que envolve os acadêmicos em uma leitura agradável, incita-me a estimular a autora a nos brindar com outros livros, artigos e palestras sobre esta temática tão essencial em nossa vida: os transportes.

**Márcia de Andrade Pereira Bernardinis**
Doutora e mestra em Engenharia de Transportes pela Universidade de São Paulo (USP)
Professora convidada da Universidade de Bordeaux, na França, para estudos em Mobilidade Urbana
Professor associada da Universidade Federal do Paraná (UFPR)

# Apresentação

O sistema de transporte público está presente no dia a dia de todos, independentemente da escolha individual em utilizá-lo ou não, seja como meio de transporte, seja dividindo o espaço nas vias públicas. Ele faz parte do cenário das cidades, sendo responsável, ao lado de outros meios de locomoção, pela circulação nos centros urbanos.

No entanto, apesar de sua importância latente, a realidade brasileira é de redução na demanda por transporte público, assim como de diminuta qualidade do serviço entregue à população – serviço este, aliás, definido como direito fundamental pela Constituição Federal de 1988 (Brasil, 1988). A ênfase dada ao transporte privado há anos e a falta de atendimento aos anseios da população, associadas à carência de políticas adequadas por um longo período, fizeram o sistema público ser preterido em favor de outras possibilidades.

Infelizmente, as consequências desse cenário atingiram a população: vias cada vez mais congestionadas, poluição, tempo maior nas viagens e diminuição da qualidade de vida nos centros urbanos. Entretanto, os problemas acenderam uma fagulha: a necessidade de encontrar soluções. Dessa forma, esses desafios ainda existem, porém um passo importante nessa caminhada foi dado. A promulgação da Lei n. 12.587, de 3 de janeiro de 2012 (Brasil, 2012), que estabeleceu a Política Nacional de Mobilidade Urbana (PNMU), é uma prova disso. Com uma visão mais abrangente do transporte público no contexto da mobilidade urbana, essa política estabeleceu um marco legal em prol da melhoria da qualidade do serviço.

Nesse sentido, nesta obra que você tem em mãos, cuja principal referência é a PNMU, pretendemos tratar da gestão do sistema de transporte público no contexto atual, em consonância com as disposições da lei, levando em conta as mudanças tecnológicas ocorridas nos últimos anos. Assim, buscamos mostrar como se estrutura o processo de gestão e sua transversalidade a outros temas. Com base na metodologia exploratória, reunimos um vasto material, coletado em diversas fontes, criando pontes conceituais para articular uma conversa que permita uma compreensão mais abrangente sobre o tema ao qual ora nos dedicamos.

No Capítulo 1, apresentaremos o histórico do surgimento dos sistemas de transporte público no mundo e no Brasil, os eventos históricos da humanidade que marcaram seu desenvolvimento e sua importância nas dimensões social, ambiental e econômica. Além disso, abordaremos a relação desses sistemas com a formação dos ciclos de "imobilidade" das cidades, abarcando os conceitos básicos e os elementos que os compõem. Por fim, apresentaremos um panorama apoiado em dados sobre os deslocamentos no Brasil.

No Capítulo 2, versaremos sobre temas que precedem a gestão. Para isso, observaremos conceitos e definições sobre estruturas organizacionais, verificando as variações no grau de intervenção que o de gestão aplicados a esse serviço e a diferença entre a gestão direta e a indireta.

No Capítulo 3, seguiremos a mesma linha temática do anterior, mas com enfoque no arcabouço normativo que deve ser respeitado. Comentaremos desde leis mais abrangentes, incluindo a Constituição Federal, até leis de âmbito local, como o Plano Diretor, abrangendo outras regulamentações pertinentes ao tema.

O cerne deste livro está no Capítulo 4, no qual trataremos da gestão dos sistemas de transporte público. Depois de uma breve conceituação sobre níveis de planejamento, discutiremos a gestão, com base nas competências atribuídas ao município, conforme disposição da PNMU, de planejar, executar, fiscalizar e regulamentar o transporte urbano. Também abordaremos o papel da sociedade civil nesse contexto, além da avaliação e do monitoramento dos princípios e das diretrizes propostos na PNMU em âmbito local. Em razão da importância que assumem na conjuntura brasileira, destacaremos a necessidade de examinar separadamente as concessões e a estrutura básica de licitação. Por fim, detalharemos o financiamento e a composição da estrutura tarifária.

No Capítulo 5, com base em experiências internacionais e com a utilização de exemplos, faremos recortes dos conteúdos anteriores, como a obtenção de financiamento, as formas de política tarifária diferentes das do Brasil e as práticas positivas para gestão que têm como resultado a entrega de um serviço de transporte público de qualidade para a população.

Ao final, no Capítulo 6, apontaremos o incremento tecnológico como uma alternativa para melhorar o sistema de transporte na perspectiva de todos os interessados, tanto os usuários quanto o Poder Público e as empresas responsáveis pela execução da operação, nos casos de gestão indireta.

Pensado para ser referência de conteúdo fundamental e para auxiliar o processo de gestão dos sistemas de transporte público, este livro destina-se a gestores, pesquisadores e interessados no tema. Ele, no entanto, não pode ser tomado como manual ou referência inflexível, pois o tema encontra-se em constante atualização, por causa da promulgação de novas leis, pelo surgimento de novas tecnologias e pela definição de formas mais eficientes de realizar as atividades envolvidas.

Não obstante, a leitura atenta de todas as partes desta obra é indispensável para que seu conjunto seja totalmente compreendido. Os exercícios ao final de cada capítulo também são importantes para a assimilação dos conteúdos. Lembre-se de que a aprendizagem sobre esse tema pode ser uma ferramenta para aprimorar a atuação profissional ou o desenvolvimento de pesquisas, contribuindo para a estruturação de cidades melhores e para a qualidade de vida das pessoas que nelas vivem.

Boa leitura!

✦ ✦ ✦

# Como aproveitar ao máximo este livro

Empregamos nesta obra recursos que visam enriquecer seu aprendizado, facilitar a compreensão dos conteúdos e tornar a leitura mais dinâmica. Conheça a seguir cada uma dessas ferramentas e saiba como elas estão distribuídas no decorrer deste livro para bem aproveitá-las.

*Logo na abertura do capítulo, relacionamos os conteúdos que nele serão abordados.*

*Antes de iniciarmos nossa abordagem, listamos as habilidades trabalhadas no capítulo e os conhecimentos que você assimilará no decorrer do texto.*

Conteúdos do capítulo

- Surgimento do transporte público no mundo e no Brasil.
- Obstáculos no surgimento do transporte público.
- Importância do transporte público para as pessoas e as cidades.
- Ciclos relacionados à falta de mobilidade.
- Conceitos básicos do sistema de transporte.
- Dados sobre o transporte urbano no Brasil.

Após o estudo deste capítulo, você será capaz de:

1. detalhar o contexto que levou ao surgimento do transporte público no mundo e no Brasil e a apontar importância desse tipo de locomoção;
2. identificar os condicionantes do desenho urbano que conduzem a cidade a desenvolver a "imobilidade";
3. evidenciar os conceitos básicos relacionados à visão técnica do transporte urbano, além de modos e classificação de tipos de acordo com a legislação brasileira;
4. determinar o tipo de transporte público recomendado para um município com base no perfil identificado;
5. reconhecer a divisão modal praticada atualmente.

### Bogotá (Colômbia)

Conforme atestam Pavelski e Bernardinis (2019), a cidade de Bogotá conta com o TransMilenio, sistema cuja concepção baseou-se no *Bus Rapid Transit* (BRT) de Curitiba. A versão colombiana, no entanto, apresenta diferenças em relação ao projeto brasileiro, como calçadas mais largas, exclusivas para pedestres, e infraestrutura cicloviária (a Ciclorruta), formando um conjunto que colabora para a articulação entre os modais.

Outro diferencial é a constante realização de campanhas para uso mais frequente das bicicletas, como *Al colegio en Bici*, voltada aos estudantes, ou *Monta y Suma*, direcionada ao público geral (Morato, 2015). Essas iniciativas, somadas à facilidade de conexão ao transporte público coletivo, incentivam cada vez mais pessoas a substituir o uso do transporte privado por modos ativos e transporte público.

#### Para saber mais

CONTESTED streets. Direção: Stefan C. Schaefer. Estados Unidos, 2006. 57 min. Documentário.

Para conhecer mais sobre a experiência e a trajetória do transporte público em algumas cidades do mundo, sugerimos assistir a esse documentário, que mostra como aos poucos a cidade de Nova York, tão rica na dimensão de espaço público, rendeu-se à priorização de veículos motorizados. Além disso, o filme traça um paralelo na temática do transporte e a ocupação do espaço urbano com outras cidades no mundo, como Londres, Copenhague e Paris, que priorizaram e expandiram o transporte público coletivo, seguindo um caminho diferente daquele tomado por Nova York.

---

Comparativamente, o regime de concessão oferece mais transparência ao processo e mais estabilidade da oferta do serviço ao longo do tempo. A maior estabilidade para as empresas gera uma percepção de diminuição de risco de investimento, incidindo sobre o valor da tarifa de remuneração. As concessões podem ser realizadas em três modalidades distintas, segundo a legislação brasileira: (1) concessão comum, (2) concessão patrocinada e (3) concessão administrativa, sendo as duas últimas realizadas no modelo de parcerias público-privadas (PPPs). Veremos o assunto com mais detalhes no próximo capítulo.

#### Consultando a legislação

BRASIL. Lei n. 8.987, de 13 de fevereiro de 1995. **Diário Oficial da União**, Poder Legislativo, Brasília, DF, 14 fev. 1995. Disponível em: <http://www.planalto.gov.br/ccivil_03/leis/L8987compilada.htm>. Acesso em 9 set. 2020.

Para aprofundar seus conhecimentos sobre o regime de concessão e permissão consulte na íntegra a lei que dispõe sobre o tema.

### Síntese

Neste capítulo, comentamos que existem três principais estruturas tipológicas diferentes quanto ao grau de intervenção exercido pelo Poder Público na gestão de sistemas de transporte em âmbito internacional. Além disso, explicamos que os modelos de gestão podem ser classificados em cinco diferentes tipos.

Por fim, especificamos as atribuições de cada esfera administrativa na gestão do transporte público.

SANTO ANDRÉ. Edital CP 001/2018: concessão e operação e manutenção do sistema de transporte coletivo tronco-alimentado Vila Luzita e seus equipamentos de apoio. Disponível em: <http://e-compras.santoandre.sp.gov.br/Edital/DownloadEdital.aspx?cod=5890&clsEdital=&clsEsb=a&clsMod=0&clsSit=0&clsNat=0&clsPag=0>. Acesso em 10 set. 2020.

Para observar as características de um processo de concessão, sugerimos a leitura do edital de licitação da cidade de Santo André, em São Paulo, e de seus anexos.

> Ao final de cada capítulo, relacionamos as principais informações nele abordadas a fim de que você avalie as conclusões a que chegou, confirmando-as ou redefinindo-as.

### Síntese

Neste capítulo, explicamos que existem diferentes níveis de abrangência que se relacionam com a gestão de sistemas de transportes públicos, sendo eles a gestão pública e a gestão da mobilidade urbana. Informamos que o planejamento pode ocorrer em níveis diferentes – estratégico, tático e operacional –, cada um de maneira específica, colaborando para o funcionamento da mobilidade e dos sistemas de transportes das cidades. Abordamos, ainda, uma temática central a esse tema: as competências do município de gerenciar o sistema de transporte público por meio de planejamento, execução e fiscalização e de regulamentar o sistema de transporte público, atribuição instituída pela Constituição Federal e pela PNMU.

Também analisamos o papel da participação da sociedade civil, bem como da avaliação e do monitoramento nesse contexto, destacando o uso e as funcionalidades de indicadores e de dados de avaliação disponíveis. As concessões, os estudos iniciais necessários para a elaboração de edital de licitação e o processo de licitação foram outros tópicos sobre os quais nos debruçamos. Por fim, versamos sobre questões correlatas ao financiamento do sistema de transporte público e ao estabelecimento da estrutura tarifária.

> Nesta seção, respondemos a dúvidas frequentes relacionadas aos conteúdos do capítulo.

### Perguntas & respostas

1. Qual a é diferença entre a fiscalização do transporte público e o monitoramento do atendimento da política de mobilidade? Existe alguma relação entre eles?

   *Resposta: A fiscalização corresponde à entrega do serviço nos padrões estabelecidos no contrato de concessão, garantindo que o objetivo de lucrar das empresas não interfira na qualidade do serviço. Já o monitoramento, que significa acompanhar algo ao longo do tempo, refere-se à consecução das metas estratégicas estabelecidas em âmbito nacional. Ambos estão relacionados, visto que a fiscalização visa a obter bons resultados em âmbito local, garantindo a qualidade do serviço, o que tem reflexos no monitoramento, para o qual o objetivo é a consecução das metas previstas na PNMU.*

2. No decorrer deste capítulo, explicamos que na fase interna da licitação são realizadas audiências e consultas públicas. Qual é o propósito dessas ações? Há outras formas de atender a esse objetivo com base na PNMU? (Para responder a essa questão, é recomendável consultar a Lei n. 12.587/2012, Capítulo III, em suas disposições a respeito dos direitos dos usuários).

   *Resposta: As audiências e as consultas públicas são alguns dos instrumentos que asseguram a atuação pública, sendo realizadas com o fim de viabilizar a participação da sociedade civil no planejamento, na fiscalização e na avaliação da PNMU. Conforme o art. 15 da Lei n. 12.587/2012, podem ser utilizados com essa mesma função: os órgãos colegiados com representantes do Poder Executivo, da sociedade civil e dos operadores dos serviços; as ouvidorias nas instituições responsáveis pela gestão do Sistema Nacional de Mobilidade Urbana ou nos órgãos com atribuições análogas; e os procedimentos sistemáticos de comunicação, de avaliação da satisfação dos cidadãos e dos usuários e de prestação de contas públicas.*

## Estudo de caso

Leia a seguir o fragmento de uma reportagem do portal Mobilize Brasil (2018) com Flávio Siqueira, representante da Cidade dos Sonhos, uma coalizão de entidades sociais em prol da mobilidade urbana:

> "A incorporação de cronogramas de eliminação do diesel no transporte público é uma tendência inexorável" [...]. "Atualmente os ônibus elétricos já são mais econômicos, quando se considera todo seu ciclo de vida, enquanto que [sic] os problemas causados pela poluição do diesel que oneram os cofres públicos são cada vez mais evidentes. Só existe uma saída para resolver essa equação: investir em combustíveis limpos". (Siqueira, citado por Mobilize Brasil, 2018)

Esse trecho reflete uma postura de mudança de pensamento ambiental, a qual também pode ser observada na PNMU, em seus princípios (art. 5º), diretrizes (art. 6º) e objetivos (art. 7º):

Art. 5º [...]
II – desenvolvimento sustentável das cidades, nas dimensões socioeconômicas e ambientais;
[...]
Art. 6º [...]
V – incentivo ao desenvolvimento científico-tecnológico e ao uso de energias renováveis e menos poluentes;
[...]
Art. 7º [...]
IV – promover o desenvolvimento sustentável com a mitigação dos custos ambientais e socioeconômicos dos deslocamentos de pessoas e cargas nas cidades;
(Brasil 2012)

*Nesta seção, relatamos situações reais ou fictícias que articulam a perspectiva teórica e o contexto prático da área de conhecimento ou do campo profissional em foco com o propósito de levá-lo a analisar tais problemáticas e a buscar soluções.*

## Questões para revisão

1. Quais são os níveis contemplados pela gestão do sistema de transportes? Descreva-os.

2. O subsídio tarifário intrassetorial dado diretamente ao usuário apresenta alguma contraindicação de uso?

3. (Vunesp – 2016 – Ministério Público do Estado de São Paulo) Uma cidade paulista de porte médio vem fixando suas tarifas de transporte coletivo público com base nos preços praticados na capital e irá reorganizar seus contratos e adequá-los ao marco legal vigente. Foi feita uma auditoria que apontou a existência de diferença a maior entre o valor monetário da tarifa de remuneração da prestação do serviço e a tarifa pública cobrada do usuário, isto é, de superávit tarifário. Dentro das diretrizes para a regulação dos serviços de transporte público coletivo que integram a Política Nacional de Mobilidade Urbana, estabelecida pela Lei Federal n. 12.587/2012, determina-se que a receita decorrente desse *superávit*

   a. será necessariamente abatida do valor da tarifa, para atender à exigência de repasse ao usuário.
   b. reverterá para o Sistema de Mobilidade Urbana.
   c. será recolhida ao Tesouro Municipal, para livre utilização na execução das despesas públicas.
   d. caberá aos proprietários das empresas de transporte que prestam o serviço, dado que a operação é privada.
   e. reverterá para um fundo de compensação dos impactos ambientais causados pelo sistema.

*Ao realizar estas atividades, você poderá rever os principais conceitos analisados. Ao final do livro, disponibilizamos as respostas às questões para a verificação de sua aprendizagem.*

*Ao propor estas questões, pretendemos estimular sua reflexão crítica sobre temas que ampliam a discussão dos conteúdos tratados no capítulo, contemplando ideias e experiências que podem ser compartilhadas com seus pares.*

Questões para reflexão

1. Relacione possíveis causas que tornam o transporte público importante tanto para os usuários quanto para aqueles que não o utilizam rotineiramente.

2. Apesar da aparente similaridade, o transporte oferecido por aplicativos (como o Uber) e o oferecido pelos táxis são classificados em categorias diferentes segundo a Lei n. 12.587/2012: o primeiro é classificado como transporte privado individual, ao passo que o segundo é categorizado como transporte público individual. Por quê?

✦ ✦ ✦

# Introdução

Pesquisas recentes revelam que o trânsito das cidades brasileiras figura entre os mais caóticos do mundo. São Paulo e Rio de Janeiro ocupam a quinta e a sétima posições no *ranking* que elencou os cem piores congestionamentos do mundo (Inrix Research, 2019). O mesmo estudo aponta que as velocidades médias desenvolvidas em São Paulo e Rio de Janeiro, referente às áreas centrais, são de 18 km/h e 21 km/h, respectivamente.

Esses dados assustam, porém não surpreendem. É notório, ao realizarmos deslocamentos diários pelas cidades, que a complexidade dos conflitos por espaço nas vias públicas tem se intensificado, o que se traduz em transtornos como congestionamentos, poluição, ruídos, dificuldade de acesso, queda na qualidade de serviço de transporte público, aumento de tarifa e piora na qualidade de vida dos habitantes dos centros urbanos.

Mas como desatar esse nó? Ao longo de anos, o desenvolvimento de políticas públicas tem procurado responder a essa questão, que não é simples e está articulada a outras tão importantes quanto ela, que envolvem saúde, moradia e emprego. Nesse sentido, as regulamentações estabelecidas no Estatuto da Cidade – Lei n. 10.257, de 10 de julho de 2001 (Brasil, 2001) – e na Política Nacional de Mobilidade Urbana (PNMU) – Lei n. 12.587, de 3 de janeiro de 2012 (Brasil, 2012) – significaram um grande avanço, sendo instrumentos que possibilitam a atuação efetiva com princípios e diretrizes orientadores.

No contexto apresentado, o transporte público assume um papel de protagonismo. Nas Políticas de Mobilidade Urbana, e articulado com as demais políticas de planejamento urbano, uso e ocupação do solo, ele tem potencial para amenizar as problemáticas relacionadas com a mobilidade quando estruturado e operado adequadamente.

Promover transporte público de qualidade, aproveitando ao máximo e da melhor maneira possível o escasso recurso público, é um desafio a ser superado pelos gestores desse segmento. Assim, nesta obra, visamos a contribuir para um gerenciamento correto por meio da apresentação do processo de gestão dos sistemas de transporte público de forma coerente e sincronizada, além de apontar as aplicações possíveis da tecnologia como ferramenta favorável à qualidade dessa atividade.

capítulo um

# *Surgimento do transporte público*

## Conteúdos do capítulo

* Surgimento do transporte público no mundo e no Brasil.
* Obstáculos no surgimento do transporte público.
* Importância do transporte público para as pessoas e as cidades.
* Ciclos relacionados à falta de mobilidade.
* Conceitos básicos do sistema de transporte.
* Dados sobre o transporte urbano no Brasil.

## Após o estudo deste capítulo, você será capaz de:

1. detalhar o contexto que levou ao surgimento do transporte público no mundo e no Brasil e apontar a importância desse tipo de locomoção;
2. identificar os condicionantes do desenho urbano que conduzem a cidade a desenvolver a "imobilidade";
3. evidenciar os conceitos básicos relacionados à visão técnica do transporte urbano, além de modos e classificação de tipos de acordo com a legislação brasileira;
4. determinar o tipo de transporte público recomendado para um município com base no perfil identificado;
5. reconhecer a divisão modal praticada atualmente.

O movimento de pessoas e cargas no espaço urbano é fundamental para o funcionamento das cidades, dinamizando a oferta de produtos, serviços, trabalho e estudo. O transporte público aumentou o acesso das populações ao território urbano e ao longo de anos foi sendo estruturado, agregando alterações propiciadas pela tecnologia que resultaram no aprimoramento e na expansão do sistema tal como o conhecemos hoje. A seguir, exporemos como se deu essa trajetória.

## 1.1 *Transporte público no mundo*

O transporte público é essencial ao funcionamento eficiente das cidades. Mas você sabe onde e como ele começou?

Desde o surgimento das primeiras cidades no mundo, localizadas no Oriente Médio, por volta de 7700 a.C. e 7500 a.C., a necessidade de comunicação e de transporte de mercadorias exigia soluções. Por isso, foram construídas as primeiras estradas, para dar suporte aos deslocamentos e torná-los mais ágeis. Entretanto, a ideia de transporte público só surgiu muito tempo depois. Segundo a Associação Nacional das Empresas de Transportes Urbanos (NTU), nem a Roma Antiga, com seu histórico inovador, abordou o tema. "O cenário romano nesse quesito era o seguinte: os aristocratas tinham seus meios de transporte próprios, individuais. E os trabalhadores, mendigos, escravos e demais moradores, esquecidos, andavam a pé" (NTU, 2019, p. 28).

Datam do início do século XVII os primeiros registros da oferta pública do serviço de transporte, não sendo mais necessário adquirir veículo ou animal para obter o benefício do uso. Relatos dão conta de que carruagens de tração animal alugadas passaram a ser usadas em Londres no ano de 1600, e em Paris, no ano de 1612. Apesar disso, foi somente em 1662 que o sistema de transporte público assumiu suas características atuais, "quando Paris já contava com aproximadamente 150 mil habitantes, é que o matemático francês Blaise Pascal organizou o primeiro serviço regular de transporte público: linhas com itinerários fixos e horários predeterminados" (Ferraz; Torres, 2004, p. 9).

Por sugestão de Pascal, o Duque de Roaunez buscou autorização da Coroa francesa para explorar, na cidade de Paris, um serviço de transporte em que várias pessoas pudessem aproveitar a mesma viagem, por um trajeto preestabelecido, a um custo módico. A permissão foi-lhe concedida, e a novidade obteve imediatamente adesão da população.

## Primeiros problemas

Com o nascimento do transporte público, surgiram também alguns problemas. As pessoas aglomeravam-se, disputando espaço, para usar as poucas carruagens que realizavam os deslocamentos. Isso não lembra cenas comuns do cotidiano de muitas cidades a nós contemporâneas? Gilberte Pérrier, irmã de Pascal, assim escreveu sobre o início das atividades: "o maior inconveniente das carruagens é aquele temido por vós; pois vemos a multidão nas ruas esperando uma carruagem para nela ingressar, mas quando ela chega, se encontra cheia; isto é lastimável, mas se consola, pois se sabe que virá uma outra em meio quarto hora" (NTU, 2019, p. 30).

Após 15 anos de funcionamento, as atividades foram encerradas por problemas de ordem administrativa. A questão envolvia a tarifa: o preço do bilhete, antes comercializado a valores populares, passou por um aumento que restringiu seu uso, e a queda na demanda em pouco tempo resultou na inviabilidade de exploração do serviço.

## Retomada da ideia de transporte público e surgimento do omnibus

A ideia de transporte público foi retomada na Europa muitos anos depois, e existe uma divergência quanto à data e ao local exato de retorno das atividades. Barker e Robbins (2007) mencionam um desenho da ponte Blackfriars*, datado de 1799 e atribuído a Rowlandson**, em que aparece uma carruagem, de tração animal e com formato semelhante ao casco de um navio, carregada de passageiros. Em contraposição, O'Flahert et al. (1997) afirmam que em 1812, na cidade francesa de Bordeaux, o ônibus estava sendo utilizado em viagens urbanas pela primeira vez, sendo esse o marco histórico do ressurgimento da atividade de transporte público.

Apesar das divergências, parece haver um consenso com relação ao ano de 1826 como aquele que consolidou o reaparecimento do transporte público e marcou o início de sua difusão entre tantas outras cidades (Barker; Robbins, 2007; O'Flahert et al., 1997). Esse acontecimento é atribuído a Stanislas Baudry, que criou uma casa de banhos nas cercanias de Nantes. Inspirado na ideia de Étienne Bureau, que disponibilizou carruagens para uso de seus empregados nas atividades de sua empresa, Baudry estabeleceu um sistema de transporte similar para atrair mais pessoas para seu empreendimento. Contudo, em 1826, quando já há algum tempo mantinha o transporte partindo de Bordeaux e Nantes, deu-se conta de que não era sua casa de banhos o destino da maior parte dos passageiros, mas pontos intermediários no trajeto. Assim, decidiu dar início a um serviço de transporte público (NTU, 2019).

Para exercer a atividade, "o veículo utilizado era uma carruagem com comprimento e capacidade superiores aos existentes na época" (Ferraz; Torres, 2004, p. 9). Um de seus pontos de parada era em frente a uma loja de chapéus, que tinha em sua fachada uma placa com as palavras *Omnes Omnibus*. Omnes, dono da loja, criou uma brincadeira com seu próprio nome, deixando a frase com o mesmo

♦ ♦ ♦

\* A ponte Blackfriars, localizada sobre o Rio Tâmisa, foi inaugurada em 1769 em Londres.

\*\* Rowlandson foi um desenhista inglês que nasceu e viveu (1756-1827) em Londres, tendo retratado cenas da cidade.

som de uma expressão em latim que significa "tudo para todos", e que, naquele contexto, indicava que em sua loja havia chapéus para todos os bolsos e gostos.

Em pouco tempo, os passageiros do veículo público adotaram o escrito da placa para se referirem ao carro utilizado, *omnibus*, dando origem ao termo *ônibus*, até hoje utilizado. Curiosamente, o conceito pensado inicialmente por Omnes para seu próprio estabelecimento, de tudo para todos, encaixou-se nas ideias de acessibilidade e de equidade ambicionadas para o transporte público.

## Intervenção governamental na gestão do sistema de transporte público

Após Stanislas Baudry obter sucesso em sua empreitada com o serviço de transporte público, logo vários concorrentes entraram na disputa. O mercado inclinou-se para um verdadeiro caos; havia uma total confusão com relação às tarifas cobradas e aos trajetos realizados. Por essa razão, Baudry em pouco tempo foi à falência.

Em 1855, o governo francês decidiu intervir. Esse período, em que a França era governada por Napoleão III, sobrinho e herdeiro de Napoleão Bonaparte, coincidiu com o momento histórico no qual Georges-Eugène Haussmann* trabalhava na reforma urbana de Paris. Ele planejou um monopólio privado que agrupasse todas as empresas de ônibus, o qual foi concedido à Compagnie Générale des Omnibus por um período de 30 anos, posteriormente estendido até o começo do século XIX.

✦ ✦ ✦

\* Haussmann (1809-1891): nasceu e viveu em Paris, cidade da qual foi nomeado prefeito por Napoleão III. O Barão Haussmann foi responsável pela maior reforma urbanística que essa cidade já assistiu, conhecida pelo embelezamento estratégico, feito com vistas a impedir insurreições populares. Ele ficou conhecido como *artista demolidor*, pois, para erguer seus projetos, ordenou que se colocasse abaixo a parte da cidade que não era compatível com seu plano.

A regulação pretendia, além de organizar o mercado do serviço de transporte público, desobstruir a região central de habitações e indústrias insalubres, direcionando para áreas mais afastadas a população antes abrigada no centro. Conforme Harvey (2015), o principal efeito dessa intervenção foi uma significativa melhoria na capacidade de circulação de pessoas e mercadorias pelo tecido da cidade e por áreas adjacentes. Em números, essa melhoria significou um aumento de passageiros de 36 milhões, em 1855, para 110 milhões, em 1860.

Cabe ressaltar que, apesar dos efeitos positivos sobre a circulação de pessoas e mercadorias, a expulsão da população tida como indesejada da área central para localidades mais afastadas foi agressiva. Esse processo tem sido amplamente estudado como um fenômeno socioeconômico enraizado na constituição do espaço urbano, capaz de produzir resultados perversos; ainda hoje, esse processo se faz presente nas cidades, como fruto, por exemplo, da especulação imobiliária.

## Desenvolvimento do transporte público na Revolução Industrial e no Pós-Guerra

Após seu estabelecimento oficial em Paris no ano de 1826, os *omnibus* foram adotados em outras cidades, entre elas Londres e Nova York. Nesse contexto de disseminação do transporte público, a Revolução Industrial (1760-1840) teve um papel muito importante. Com a instalação das fábricas e de seus maquinários característicos nos centros urbanos, os trabalhadores deixaram de desenvolver suas atividades, antes artesanais, para operar as novas máquinas, precisando se deslocar e alavancando uma crescente demanda por transporte.

Londres, em 1863, e Nova York, em 1868, inauguraram os primeiros metrôs com propulsão a vapor. Na sequência, outras tecnologias foram incorporadas, criando novos modais de transporte público – bonde de tração animal, bonde elétrico, ônibus movido a gasolina e a *diesel* e trólebus – e modificando as fontes de energia motriz em uma crescente evolução (Figura 1.1).

*Figura 1.1 – Evolução dos meios de transporte público entre 1826 e 1920*

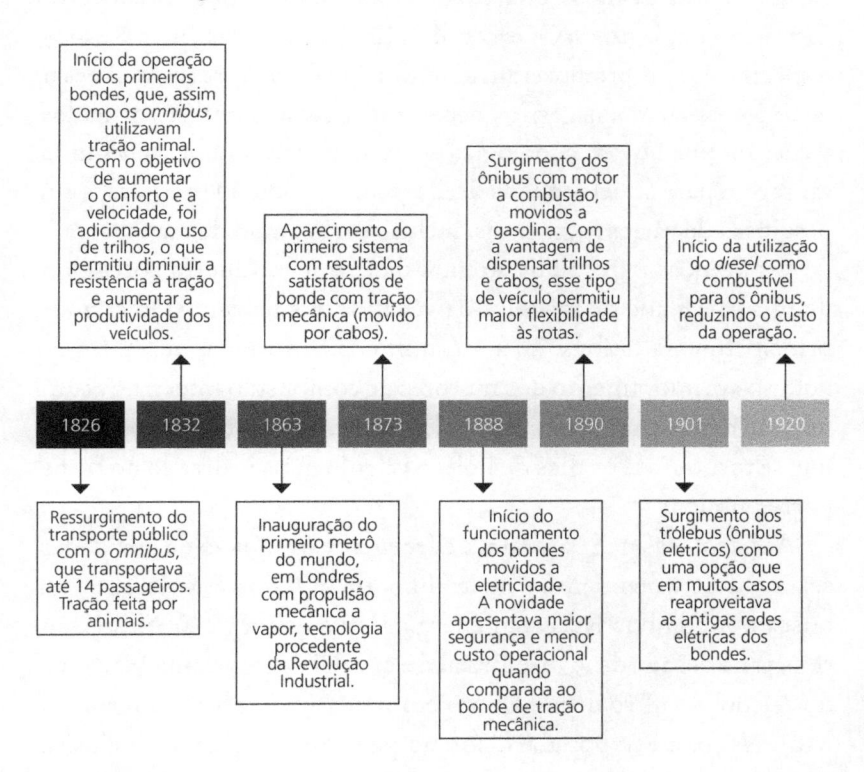

| 1826 | 1832 | 1863 | 1873 | 1888 | 1890 | 1901 | 1920 |
|---|---|---|---|---|---|---|---|

Acima da linha do tempo:

- **1826**: Início da operação dos primeiros bondes, que, assim como os *omnibus*, utilizavam tração animal. Com o objetivo de aumentar o conforto e a velocidade, foi adicionado o uso de trilhos, o que permitiu diminuir a resistência à tração e aumentar a produtividade dos veículos.
- **1873**: Aparecimento do primeiro sistema com resultados satisfatórios de bonde com tração mecânica (movido por cabos).
- **1890**: Surgimento dos ônibus com motor a combustão, movidos a gasolina. Com a vantagem de dispensar trilhos e cabos, esse tipo de veículo permitiu maior flexibilidade às rotas.
- **1920**: Início da utilização do *diesel* como combustível para os ônibus, reduzindo o custo da operação.

Abaixo da linha do tempo:

- **1832**: Ressurgimento do transporte público com o *omnibus*, que transportava até 14 passageiros. Tração feita por animais.
- **1863**: Inauguração do primeiro metrô do mundo, em Londres, com propulsão mecânica a vapor, tecnologia procedente da Revolução Industrial.
- **1888**: Início do funcionamento dos bondes movidos a eletricidade. A novidade apresentava maior segurança e menor custo operacional quando comparada ao bonde de tração mecânica.
- **1901**: Surgimento dos trólebus (ônibus elétricos) como uma opção que em muitos casos reaproveitava as antigas redes elétricas dos bondes.

Fonte: Elaborado com base em Ferraz; Torres, 2004, p. 10-16.

Entre uma e outra novidade, houve algumas experiências não tão bem-sucedidas, como as tentativas de criar uma tecnologia de tração híbrida – a vapor e elétrica. "Durante os primórdios da utilização do motor de combustão interna, este se mostrou pouco confiável, além de causar poluição sonora e emitir odores nauseantes" (NTU,

2019, p. 34). O importante é que foram empreendidas tentativas e, assim, entre erros e acertos, os veículos de transporte público e de transporte em geral evoluíram, permitindo que as distâncias fossem diminuídas e que as pessoas alcançassem seus destinos.

Da mesma forma que a Revolução Industrial fez a humanidade experimentar avanços tecnológicos na história dos transportes, a Primeira e a Segunda Guerras Mundiais, encerradas em 1918 e 1945, respectivamente, promoveram desenvolvimentos expressivos. Apesar de todos os efeitos negativos decorrentes desses conflitos armados, a corrida por novas tecnologias – cujo objetivo era gerar alguma vantagem para aqueles que as detivessem – produziu progressos em pesquisas de vários segmentos, inclusive no campo do transporte.

Os avanços percebidos ao final da Primeira Guerra correspondiam à variedade de modelos de veículos que haviam sido criados, principalmente ônibus. Já, ao término da Segunda Guerra, fez-se notar o aprimoramento dos motores de combustão interna. A combinação desses progressos permitiu a difusão do ônibus pelo mundo, que se tornou, até os dias de hoje, o veículo mais utilizado no transporte público.

As pesquisas não pararam, e é frequente o anúncio de novidades, seja no desenvolvimento e no aprimoramento dos veículos, seja na busca por combustíveis com energia limpa e renovável. Nesse sentido, já na década de 1970, o Brasil desenvolvia o Programa Nacional do Álcool – o Proálcool. O projeto não atingiu escala internacional, mas manteve popularidade no país, estendendo-se, inclusive, para os veículos privados, comercializados com capacidade para usar gasolina e álcool como combustível (motor *flex*). O mundo viu outras iniciativas a partir da última década do século XX, tais como gás natural, tecnologias híbridas, ônibus elétricos e motores a hidrogênio.

O salto tecnológico a que assistimos no último século é só uma amostra do que ainda pode vir. A tecnologia dos *drones*, por exemplo, já encontra aplicações no transporte de cargas, levando produtos hospitalares e órgãos humanos de um hospital para outro, otimizando o tempo útil desses materiais e salvando vidas. E o que dizer dos carros elétricos autônomos? E dos protótipos dos "carros voadores" apresentados no salão de Genebra, em 2019? Parece que o velho ditado "O céu é o limite" já não faz mais sentido nesse contexto.

## 1.2 *Transporte público no Brasil*

Você sabia que o Brasil foi oficialmente o segundo país no mundo a implantar um sistema de transporte público, depois da França?

Por aqui, o surgimento do transporte público remonta ao período colonial. Segundo Galhardi, Pacini e Verdolin (2007), quando a família real portuguesa chegou ao Brasil em 1808, foi inaugurada a cerimônia do "beija-mão", na qual a população se deslocava até a corte a fim de reverenciar a Coroa. Para garantir a presença do público, era necessário facilitar a viagem. Assim, em 1817, a solução implementada por D. João VI – mediante decreto imperial – foi conceder a permissão para a exploração do serviço de carruagem desde o Paço Imperial até um raio de cerca de 50 quilômetros, serviço concedido a Sebastião Fábregas Surigué.

Cabe ressaltar que o nascimento do transporte público no Brasil, em 1817, ocorreu justamente entre o primeiro breve aparecimento do transporte público na França em 1662 (ideia de Blaise Pascal) e seu ressurgimento graças a Stanislas Baudry em 1826. Esse fato reforça a ideia de que, ao menos oficialmente, o Brasil é o segundo país do mundo a implantar um sistema de transporte público.

> O documento assinado pelo rei criou o segundo serviço de transporte urbano do mundo e se constitui numa verdadeira certidão de nascimento do transporte coletivo no Brasil. Trata-se da primeira iniciativa no país com o objetivo de organizar o transporte de pessoas segundo itinerários e horários definidos, a partir de uma área urbana, mediante cobrança de passagem. (NTU, 2020, p. 45)

Após o decreto imperial de 1817, demoraria ainda duas décadas até que se constituísse a primeira companhia de ônibus brasileira, em 1837. Por iniciativa de Oliveira Coutinho e do Desembargador Aureliano de Souza, o veículo implantado no Rio de Janeiro reproduzia o modelo francês, que circulava há pouco mais de uma década. Assim começou a funcionar o serviço de transporte público no Brasil, tendo um caráter, pode-se afirmar, individualista. Com o passar do tempo, no entanto, foram demonstrados seu potencial em prol do bem coletivo e sua importância para as dimensões social, ambiental e econômica, conforme explicitaremos adiante.

## 1.3 *A importância do transporte público*

A Política Nacional de Mobilidade Urbana (PNMU), principal instrumento da Política de Desenvolvimento Urbano, define que o transporte público coletivo urbano é o "serviço público de transporte de passageiros acessível a toda a população mediante pagamento individualizado, com itinerários e preços fixados pelo poder público" (Brasil, 2012).

Ao procuramos determinar a importância do transporte público, demonstraremos que não há uma resposta única. Ela tem diversas facetas, mas uma que se sobressai é a social, em razão de sua relevância para a qualidade de vida das pessoas, visto que atende à demanda por mobilidade, inclusive dos indivíduos socioeconomicamente mais vulneráveis.

Além da questão social, o transporte público tem grande importância nas dimensões ambiental e econômica das cidades. Dados da Associação Nacional de Transportes Públicos (ANTP, 2016) revelam que automóveis e motocicletas são responsáveis, juntos, por 66% do dióxido de carbono gerado pelo transporte urbano no Brasil, ao passo que o transporte público responde por 34%. Levemos em conta que um ônibus convencional tem ocupação média de 46 passageiros sentados, podendo acomodar até 85 pessoas* (Curitiba, 2020), e o transporte privado com frequência transporta apenas o motorista.

Assim, é possível inferir que as emissões de dióxido de carbono, principal causador do efeito estufa, podem diminuir significativamente se o transporte público substituir, mesmo que parcialmente, as viagens do transporte privado. Consideremos o seguinte: um ônibus comum pode levar até 85 passageiros, tendo em mente o espaço mínimo de conforto entre as pessoas; um carro tem capacidade para levar até 5 pessoas, mas circula em média com apenas 1,5 (Carvalho, 2011). Logo, para levar o mesmo número de passageiros de um ônibus com ocupação máxima, seriam necessários 57 carros.

A mesma lógica vale para verificar o impacto da substituição dos modais na formação de congestionamentos, que geram custos econômicos decorrentes da paralisação das vias. Na cidade de São Paulo, por exemplo, estima-se que, no ano de 2012, o total de perdas foi da ordem de 40 bilhões de reais – 30 bilhões que não foram produzidos somados a 10 bilhões provenientes das deseconomias

---

✦ ✦ ✦

* Dados da Prefeitura de Curitiba correspondentes ao período anterior à pandemia gerada pela Covid-19. Durante a pandemia, instituições relacionadas a pesquisas de mobilidade recomendaram a diminuição do número de passageiros transportados por veículo como uma das medidas de enfrentamento ao contágio por essa doença e por outras que possam surgir.

externas*, em virtude do excessivo número de veículos em circulação (Cintra, 2014).

Um sistema de transporte público bem estruturado resulta em benefícios ambientais, econômicos e, principalmente, sociais, melhorando a qualidade de vida das pessoas e extraindo maior proveito do espaço urbano e dos recursos de que ele dispõe. São exemplos desses benefícios o tráfego mais eficiente, com menor quantidade de veículos privados nas ruas; a maior circulação de pessoas no meio urbano; a produção e a geração de renda; e a diminuição da poluição e do consumo de combustíveis.

## 1.4 *Ciclos da imobilidade: morfologia urbana e transporte público*

O transporte urbano é fundamental na formação das cidades e na qualidade de vida das pessoas. Para a Organização das Nações Unidas (ONU), a distribuição espacial da população e dos empregos, o uso do solo, a densidade demográfica e as características físicas da cidade são elementos inter-relacionados ao transporte e que constituem uma problemática a ser encarada para promover a mobilidade (UN, 2020). A esse respeito, você já ouviu falar dos ciclos que afetam a mobilidade ou que geram a imobilidade?

Historicamente, o Brasil apresenta um favorecimento dos modais privados de transporte, como carros e motos, resultado da força política exercida pela indústria automobilística instalada no país. A consequência dessa priorização são os congestionamentos

♦ ♦ ♦

* Deseconomias externas: é o custo adicional do transporte devido em razão de congestionamentos, considerando para isso o aumento do consumo de combustível, o aumento de gasto com a manutenção de veículos, da emissão de poluentes, do tempo gasto e da ocupação do espaço urbano pelos veículos (Ipea; ANTP, 1999).

que atualmente paralisam as vias das cidades brasileiras e aumentam o tempo de viagem, o número de acidentes e os custos econômicos, ambientais e sociais.

Os impactos negativos do uso massivo do transporte privado estendem-se a todos, incluindo os usuários do sistema de transporte público, que sofrem com a diminuição da qualidade do serviço e o desestímulo para usar esse modal. Assim, na primeira oportunidade que têm, os insatisfeitos migram para o transporte privado, agravando ainda mais a situação. O número cada vez menor de passageiros se converte em reajuste tarifário, elevando o custo das viagens e empurrando ainda mais pessoas para o transporte privado. Qual é o resultado dessa sequência de fatos? Congestionamentos cada vez maiores, que perenizam esse ciclo.

O segundo ciclo tem a ver com as formas de expansão urbana. A ocupação do solo, associada a políticas setoriais pouco articuladas, alimenta sérios problemas relativos à mobilidade; a cidade cresce sem que o Poder Público demonstre preocupação em distribuir facilidades urbanas, serviços médicos, estudo, lazer e outras atividades. Segundo o Ministério das Cidades e o Instituto Brasileiro de Administração Municipal (Brasil; Ibam, 2020c), a ausência de ações do Poder Público local facilita a criação de bairros informais, que não dispõem de serviços e equipamentos para a população, na maioria das vezes em situação de vulnerabilidade social.

O crescimento desordenado, por sua vez, exige viagens cada vez mais longas, para áreas de ocupações informais, que não contam com uma infraestrutura adequada de transporte público, o que impacta na qualidade do serviço e no valor da tarifa. Esse processo estimula o uso de veículos privados, que gera congestionamentos cada vez maiores, o que cria demanda por novas vias, as quais abrem frente para a ocupação de novas áreas de forma dispersa, fazendo recomeçar o ciclo. Nesse sentido:

> O zoneamento de usos afeta a distribuição espacial de atividades geradoras de demanda (áreas residenciais) e atividades que as atraem (trabalho, comércio e serviços, lazer e recreação). Cidades mais estratificadas em usos tendem a desvincular espacialmente estas áreas criando territórios fragmentados que necessitam ser interligados por infraestrutura de circulação e por meios de transporte [...]. (Bianchi, 2020, p. 2)

Talvez a reflexão sobre o segundo ciclo gere a seguinte dúvida: Se a ocupação dispersa do território urbano tem impacto negativo na mobilidade, então o ideal seria estabelecer políticas de uso e ocupação do solo que tendam para uma conformação compacta da cidade?

A resposta é: Depende. A justificativa para isso é que, em contextos de ambientes compactos, questões relacionadas à implantação de projetos nas cidades (os chamados *polos geradores de tráfego*), se não tratadas de maneira adequada, somam-se ao crescimento desordenado, aumentando os problemas de mobilidade.

Diante dessa conjuntura, Vasconcellos (2013) indica que a alternativa é que o Poder Público tenha controle adequado sobre novos empreendimentos – *shoppings*, conjuntos habitacionais ou qualquer outro que impacte o sistema viário. *Controle adequado* significa elaborar e coordenar as políticas públicas de ocupação do solo e reprimir empreendimentos que contrariam as proposições estabelecidas.

O transporte público serve como meio de locomoção e articula a cidade, colocando toda a infraestrutura urbana disponível ao alcance de todos os habitantes, mediante a distribuição adequada do serviço e de custos módicos, que permitem inclusão social e equidade na mobilidade. Não se trata de uma tarefa fácil, mas cabe ao gestor urbano, no planejamento, equacionar esse complexo sistema. Seu objetivo deve ser adequar o sistema de transporte público e de mobilidade às perspectivas de desenvolvimento e às características de determinada região, dando aos modais a importância compatível com o conceito que se pretende promover.

Uma das precursoras desse tipo de pensamento, que destacou a relação entre desenho urbano e mobilidade, foi Jane Jacobs*. Ainda na metade do século passado, Jacobs (2011, p. 5), com base na observação de cidades dos Estados Unidos, concluiu que

> Os automóveis costumam ser convenientemente rotulados de vilões e responsabilizados pelos males das cidades e pelos insucessos e pela inutilidade do planejamento urbano. Mas os efeitos nocivos dos automóveis são menos a causa do que um sintoma de nossa incompetência no desenvolvimento urbano. [...] As necessidades dos automóveis são mais facilmente compreendidas e satisfeitas do que as complexas necessidades das cidades, e um número crescente de urbanistas e projetistas acabou acreditando que, se conseguirem solucionar os problemas de trânsito, terão solucionado os problemas das cidades.

A crítica evidencia o fato de que, antes de focar em soluções puramente técnicas para as questões de mobilidade, é preciso pensar na conjuntura das cidades, levando-se em conta o desenho urbano e as características sociais e econômicas, entre outros aspectos.

✦ ✦ ✦

* Jane Jacobs é autora do livro *Morte e vida das grandes cidades*, lançado em 1961, nos Estados Unidos, e aclamado pela crítica como uma das obras mais influentes da história do urbanismo.

## 1.5 Conceitos básicos do sistema de transporte

Já declaramos que o transporte público é muito importante para as cidades e que não se devem considerar unicamente soluções técnicas para as questões de mobilidade, ignorando o contexto urbano em sua estruturação. Entretanto, se por um lado essas soluções não devem ser as únicas aplicadas, por outro, elas não são dispensáveis. É necessário organizar e racionalizar recursos e objetivos da forma mais eficiente possível. Nesse sentido, é essencial conhecer os elementos que compõem o sistema de transporte público, a classificação dos modos de transporte e os dados sobre os deslocamentos urbanos no Brasil, a fim de entender o padrão existente no país.

### Composição do sistema de transporte público

O sistema de transporte público é constituído essencialmente por três elementos fundamentais:

1. **Veículos** – Podem ser bastante variados, conforme o porte da cidade. São exemplos dessa categoria o veículo leve sobre trilhos (VLT), o ônibus e o metrô. A escolha dos modais do tipo público que podem compor o sistema de transporte de determinada cidade depende de um diagnóstico. Segundo Cezario, Roedel e Bernardinis (2016, p. 125),

> a etapa de diagnóstico da mobilidade urbana também tem como função dar ao gestor público um panorama dos deslocamentos na cidade, como entender seus vetores econômicos, políticos e culturais, e a partir daí possibilitar uma relação mais bem difundida entre mobilidade e desenvolvimento urbano.

O tema *diagnóstico*, em razão de sua importância, será tratado com mais detalhes no Capítulo 4.
2. **Vias** – São os caminhos utilizados para a circulação dos veículos. Por exemplo: ruas, trilhos e canaletas exclusivas.
3. **Infraestrutura** – Trata-se dos elementos responsáveis por organizar a estrutura de funcionamento do serviço de transporte, como terminais e pontos de ônibus. Nessa categoria, também estão incluídos a sinalização viária e os instrumentos de controle (arrecadação, fiscalização e difusão de informações). Por exemplo: sistemas eletrônicos de bilhetagem e sistemas de priorização semafórica (que atuam para favorecer a circulação do transporte público).

Juntos, esses três elementos constituem a base do funcionamento do transporte público e dos sistemas de transporte em geral. A seguir, detalharemos as características dos transportes urbanos no Brasil.

## *Modos e classificação dos transportes urbanos na legislação brasileira*

De acordo com a PNMU, são modos de transporte urbano os motorizados e os não motorizados. Dos primeiros, fazem parte os veículos automotores, como motos e ônibus; os não motorizados, por sua vez, são os que demandam para seu uso esforço humano ou tração animal, como bicicletas e carroças, sendo ainda muito comuns em cidades de pequeno porte (Cezario; Roedel; Bernardinis, 2016).

A PNMU aponta que o serviço de transporte urbano pode ser classificado quanto aos seguintes aspectos:

- **Objeto** – Se é de passageiros ou de cargas.
- **Característica**– Se é de uso coletivo ou individual.
- **Natureza**– Se é do serviço público ou privado.

Nessa temática, o recorte que trata do transporte de passageiros apresenta quatro modalidades distintas, resultantes das combinações de classificação. A Figura 1.2 apresenta a matriz das combinações e seus resultados, previstos na PNMU.

*Figura 1.2 – Classificação dos tipos de transporte urbano de passageiros*

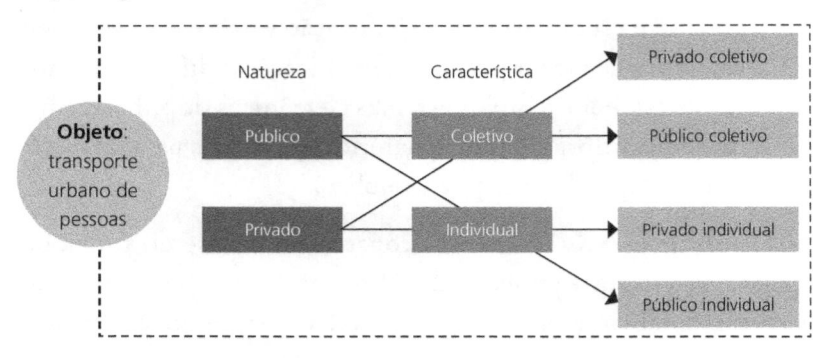

```
                    Natureza         Característica
                                                    ┌─→ Privado coletivo
    Objeto:         Público ─────────── Coletivo ───┤
    transporte                      ╲ ╱             └─→ Público coletivo
    urbano de                        ╳
    pessoas                         ╱ ╲             ┌─→ Privado individual
                    Privado ────────── Individual ──┤
                                                    └─→ Público individual
```

Fonte: Elaborado com base em Brasil, 2012.

Apresentamos a seguir as definições das quatro classificações existentes para o transporte urbano de passageiros segundo a legislação brasileira (Brasil, 2012; 2018a), com exemplos e algumas vantagens e desvantagens.

### Transporte privado coletivo

- **Definição** – Serviço de transporte de passageiros não aberto ao público para a realização de viagens, com características operacionais exclusivas para cada linha e demanda.
- **Exemplos** – Transportes de ônibus exclusivo para funcionários que algumas empresas oferecem; transporte escolar privado.
- **Vantagens** – Transporte porta a porta e capacidade para conduzir vários passageiros simultaneamente, que resulta em menos congestionamentos e poluição.
- **Desvantagens** – Inflexibilidade no trajeto e nos horários.

## Transporte público coletivo

* **Definição** – Trata-se do "serviço público de transporte de passageiros acessível a toda a população mediante pagamento individualizado, com itinerários e preços fixados pelo poder público" (Brasil, 2012). O transporte público coletivo, além do oferecido dentro do perímetro do município, pode ser intermunicipal, interestadual e internacional e de caráter urbano para os casos em que as regiões de fronteira apresentem contiguidade. Essa modalidade é tratada como serviço essencial na Constituição.
* **Exemplos** – Os ônibus, o VLT e o metrô. Há ainda opções menos comuns, como balsas, catamarãs e teleféricos.
* **Vantagens** – Maior capacidade de condução (número de usuários transportados) e menor custo unitário, sendo, portanto, mais acessível; ao substituir os modos privados motorizados, representa potencial para diminuição de congestionamentos e de poluição, além de maior equidade no acesso ao transporte.
* **Desvantagens** – Total inflexibilidade quanto a horários e itinerários; o transporte normalmente não é porta a porta, sendo muitas vezes necessário completar o percurso com conexões ou caminhada.

## Transporte privado individual

* **Definição** – Não segue itinerário e horário preestabelecidos, e a posse do veículo pode ser permanente ou momentânea. Recentemente, a Lei n. 13.640, de 26 de março de 2018 (Brasil, 2018a) alterou a PNMU, incluindo nessa categoria o serviço remunerado de transporte de passageiros. Segundo a descrição, trata-se de serviço

> não aberto ao público, para a realização de viagens individualizadas ou compartilhadas solicitadas exclusivamente por usuários previamente cadastrados em aplicativos ou outras plataformas de comunicação em rede. (Brasil, 2018a).

- **Exemplos** – Incluem-se nessa classe modos motorizados e não motorizados, carros, motos, bicicletas, veículos de tração animal (por exemplo, os carrinhos puxados por animais utilizados por catadores na coleta de lixo) e a locomoção a pé (conhecido também como *modo pedonal*, esta é a forma mais universal, que qualquer pessoa que não tenha limitação física pode utilizar). Encaixam-se também nessa classe, alguns serviços remunerados de transporte. Nesse caso, os avanços tecnológicos experimentados na última década fizeram nascer uma verdadeira revolução na classe de transporte privado individual. A chegada e a popularização dos *smartphones* permitiu a difusão da oferta desse tipo de serviço. Algumas empresas que hoje atuam em cidades brasileiras são Uber, Cabify e 99 Pop, entre outras.
- **Vantagens** – De modo geral, esse tipo de transporte é porta a porta e flexível quanto a rotas e horários.
- **Desvantagens** – Pequena capacidade quanto ao número de passageiros transportados; é o principal responsável pela formação de congestionamentos e de poluição; tem custo elevado de aquisição de veículo, para o caso de posse permanente.

## Transporte público individual

- **Definição** – Serviço remunerado de transporte de passageiros aberto ao público, por intermédio de veículos de aluguel, para a realização de viagens individualizadas.
- **Exemplos** – Nessa classe, estão o táxi, o mototáxi, o *car-sharing* (aluguel de veículos), e o *bike-sharing* (aluguel de bicicletas), entre outros.

* **Vantagens** – Transporte porta a porta.
* **Desvantagem** – Pequena capacidade, custo unitário de uso mais elevado que o dos veículos do modo motorizado.

## Tipo de transporte público adequado a cada cidade

Já abordamos, com base nos ciclos que geram a imobilidade, que as condições morfológicas da cidade impactam a qualidade do sistema de transporte público. Mas você sabia que ela influi também na estrutura do sistema e na escolha dos modais? A definição do modelo ideal de cidade, compacta ou dispersa, gera controvérsia.

> Somam-se a essa interpretação leituras que compreendem a dispersão como um fenômeno problemático, que implica degradação da cidade e de suas configurações tradicionais, deformadas nas/pelas expressões espaciais da cidade dispersa. Embasada nessas interpretações, persiste a abordagem hegemônica de que a compactação urbana, materializada em leituras de cidade compacta, representa a solução urbanística ideal, transposta tanto para o desenho da cidade quanto para os instrumentos e diretrizes de planejamento territorial. (Pescatori, 2015, p. 40)

Conforme Pescatori (2015), as cidades compactas são mais eficientes na implantação de diretrizes urbanísticas. Cidades descentralizadas apresentam um elevado grau de subutilização do transporte público, já que, para cobrir o território ocupado, os itinerários distribuem-se sobre áreas pouco ocupadas. Para minimizar esse efeito negativo, a solução é empregar o transporte público em malhas ou em linhas troncos complementadas por linhas alimentadoras.

Então, se as cidades dispersas são um problema, o inverso delas seria a solução perfeita, não é? Nem sempre, pois a concentração de muitas atividades em uma mesma área leva ao conflito por espaço urbano, o que, no trânsito, traduz-se em congestionamento. Contudo, esse problema pode ser minimizado utilizando-se como opção a construção de linhas diametrais e radiais a partir das áreas de centralização, facilitando o acesso local via transporte público.

Além disso, a forma da cidade (se ela é mais parecida com um círculo ou se é mais linear), seu tamanho e a demanda por transporte público são fatores que precisam ser avaliados no momento de se estabelecer um plano de estruturação do sistema de transporte público. O Quadro 1.1 apresenta as soluções que têm maior probabilidade de sucesso, conforme determinadas características locais.

Quadro 1.1 – *Sistema de transporte público baseado nas características da cidade*

|  | Problema | Indicação |
|---|---|---|
| 1 Concentração das atividades | Cidade dispersa | Preferência para linhas diametrais e radiais. |
|  | Cidade compacta ou com grau elevado de centralização | Rede em malha ou baseada em linhas tronco complementada por linhas alimentadoras. |
| 2 Forma | Formato mais circular | Transporte de média capacidade, sendo viável os de alta* (como trilhos e pneus) somente quando se atinge valor populacional elevado. |
|  | Formato mais linear | Mais favorável ao transporte de alta capacidade, exigindo uma população não tão elevada para se tornar viável. |

(continua)

❖ ❖ ❖

* Transportes de média e de alta capacidade são aqueles "cuja infraestrutura garante o transporte de grande quantidade de passageiros de forma ágil em áreas urbanas a partir de prioridade de passagem nas vias. [...] Não são considerados corredores de transporte de média e alta capacidade: faixas dedicadas ou corredores de ônibus convencionais" (ITDP, 2019, p.4).

(Quadro 1.1 – conclusão)

| | PROBLEMA | INDICAÇÃO |
|---|---|---|
| 3 Demanda | Baixo índice de utilização do transporte público | De modo geral, sistema composto de ônibus e/ou bonde atende à demanda. |
| | Alto índice de utilização do transporte público | Necessário transporte de maior capacidade: metrô, trem suburbano e *Bus Rapid Transit* (BRT), entre outros. |
| 4 Tamanho | Pequena (até aproximadamente 100 mil habitantes) | Uma rede radial com linhas diametrais operadas com micro-ônibus e ônibus comum. |
| | Média (aproximadamente entre 100 mil e 300 mil habitantes) | Uma rede radial com linhas diametrais operadas com micro-ônibus e ônibus comum. Em algumas cidades, pode ser viável a utilização de faixas exclusivas para ônibus na região central e emprego de linhas especiais em horários de pico. |
| | Grande (aproximadamente entre 300 mil e 600 mil habitantes | Rede de linhas diametrais e circulares, podendo utilizar de micro-ônibus a ônibus articulado, dependendo da necessidade. É indispensável o emprego de bilhetagem eletrônica, faixas exclusivas e complemento do sistema com linhas especiais (nos horários de pico) ou expressas (com mesmo trajeto, mas com menos paradas). |
| | Muito grande (acima de 600 mil habitantes) | Rede de linhas diametrais e circulares, podendo utilizar de micro-ônibus a ônibus articulado, dependendo da necessidade, acrescida de linhas interbairros. Indica-se o uso das linhas troncais com alta capacidade (metrô, pré-metrô, ônibus articulado, BRT etc.). Facilitam os cruzamentos entre as linhas diferentes com estrutura de integração; operam os ônibus das linhas mais movimentadas em faixa exclusiva; e inserem linhas expressas e especiais conforme a necessidade. |

Fonte: Elaborado com base em Ferraz; Torres, 2004.

Várias combinações são possíveis tomando-se por base as características apresentadas. Por exemplo, uma cidade pode ser de grande porte e dispersa na concentração das atividades, ou, tendo o mesmo porte, apresentar concentração das atividades. Por isso, cabe ao gestor harmonizar as soluções.

## 1.6 Breve panorama dos deslocamentos no Brasil

Segundo relatório da Associação Nacional de Transportes Públicos (ANTP), o Brasil tem uma divisão modal caracterizada pela predominância de viagens em transporte não motorizado, com um total de 43% (ANTP, 2018). Dos modos motorizados, 29% correspondem ao transporte individual e 28% correspondem ao público coletivo (Gráfico 1.1).

Gráfico 1.1 – Divisão modal no Brasil e veículos mais usados no transporte público (2016)

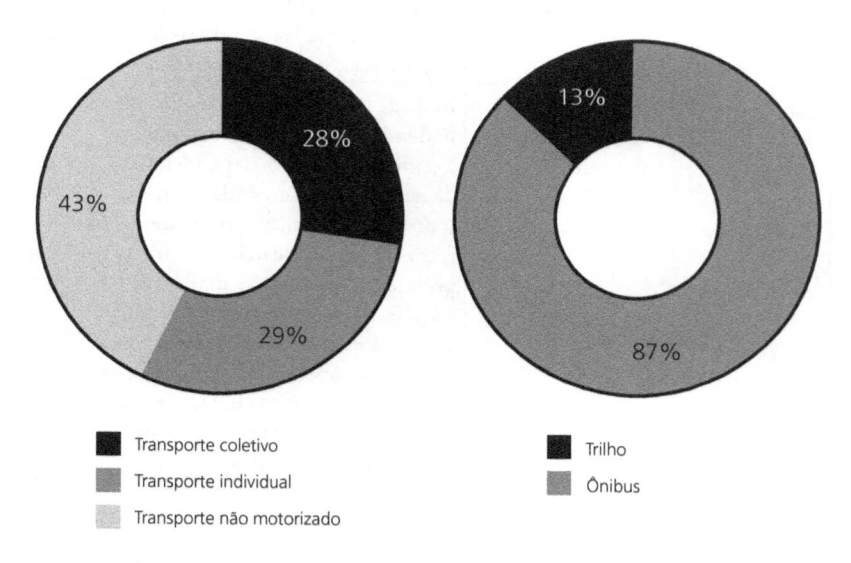

- Transporte coletivo: 28%
- Transporte individual: 29%
- Transporte não motorizado: 43%

- Trilho: 13%
- Ônibus: 87%

Fonte: Elaborado com base em ANTP, 2018.

Quando analisados separadamente, os dados do relatório da ANTP (2018) revelam que os principais modos de transporte público nos municípios brasileiros são ônibus e sobre trilhos (metrô e trem), sendo que, em 2016, os dois atenderam a um total de 18,3 bilhões de viagens; destas, 15,9 bilhões foram realizadas por ônibus, o que representa 87% das locomoções do transporte público. Assim, sem sombra de dúvida, o modal predominante no Brasil é o ônibus.

Dentre os motivos que justificam a importância que o transporte público por ônibus assumiu no Brasil, há dois que podem ser apontados como principais. O primeiro é que desde a década de 1960, com a instalação da indústria automobilística no país, o governo sofreu fortes pressões que impactaram o desenvolvimento das políticas de transporte, com as cidades sendo adaptadas para o uso dos automóveis (Vasconcellos, 2013). Nesse sentido, as cidades tornaram-se aptas também para o uso dos ônibus, que demandam a mesma infraestrutura viária útil aos automóveis. O segundo motivo relaciona-se à flexibilidade de implantação desse modal, independentemente do tamanho da cidade.

*Para saber mais*

NTU – Associação Nacional das Empresas de Transportes Urbanos. **Centro de Documentação e Memória Eurico Divon Galhardi.** Brasília: NTU; CNT, 2019. Disponível em: <https://www.ntu.org.br/novo/upload/Publicacao/Pub637019982408281698.pdf>. Acesso em: 9 set. 2020.

Para aprofundar seus conhecimentos sobre o histórico do surgimento, do desenvolvimento e da consolidação do transporte público no Brasil e no mundo, acesse esse documento do NTU.

## Síntese

Neste capítulo, explicamos que o transporte público, com suas características de itinerários, frequência e tarifa fixa (como as conhecemos), foi ideia de Blaise Pascal, concebida em 1662, em Paris. Apesar de o serviço oferecido ter sido bem aceito pela população, problemas administrativos relacionados à tarifa levaram ao encerramento das atividades 15 anos depois.

O renascimento oficial do transporte público e o surgimento do *omnibus* ocorreram em 1826. Atribuído a Stanislas Baudry, o serviço voltou a ser ofertado nas cercanias da cidade de Nantes, na França. A Revolução Industrial e a Primeira e a Segunda Guerras Mundiais, apesar de seus efeitos negativos, marcaram a evolução dos veículos e dos combustíveis utilizados, contribuindo com o desenvolvimento dos transportes.

Analisamos também a importância dos sistemas de transporte coletivo dos pontos de vista econômico, ambiental e social, além dos ciclos de ocupação do território urbano que conduzem à imobilidade. Ademais, observamos os conceitos e os elementos básicos relacionados à composição do sistema de transporte público e os fatores que influenciam na determinação de seus tipos. Por fim, analisamos dados que mostram características dos deslocamentos nas cidades brasileiras, sendo nelas predominantes as locomoções não motorizadas, e o principal tipo de transporte público utilizado, o ônibus.

## Perguntas & respostas

1. Com base no conteúdo apresentado neste capítulo a respeito de ciclos de imobilidade urbana, qual é a relação entre uso do solo e congestionamentos? Para isso, considere a seguinte afirmação: "A mistura de uso é feia. Provoca congestionamento de trânsito. Estimula usos nocivos.' Esses são alguns dos bichos-papões que fazem as cidades combater

a diversidade. Tais crenças ajudam a moldar o crescimento urbano" (Jacobs, 2011, p. 245).

*Resposta: Jacobs já aponta em sua afirmação que é inconsistente dizer que a mistura de uso do solo, ou seja, a junção de diferentes tipos de atividade em uma mesma área, contribui para a geração de congestionamentos. Conforme observamos, é necessário controlar a implantação de grandes projetos nas cidades, como shoppings, conjuntos habitacionais ou qualquer outro que impacte o sistema viário (Vasconcellos, 2013), já que a instalação irresponsável e sem planejamento adequado de empreendimentos pode causar congestionamentos.*

*Apesar disso, o conceito contrário é o de cidades com perfil estratificado, que evitam a mistura de uso do solo e tendem a desvincular espacialmente as áreas, criando territórios fragmentados que necessitam ser interligados por infraestrutura de circulação, fato que estimula o uso do transporte privado e, consequentemente, acarreta congestionamentos.*

2. A PNMU caracteriza o transporte público coletivo urbano como o "serviço público de transporte de passageiros acessível a toda a população mediante pagamento individualizado, com itinerários e preços fixados pelo poder público" (Brasil, 2012). Com base nessa definição, qual é a importância social do transporte público?

*Resposta: Tanto o preço fixado pelo Poder Público quanto o itinerário apresentam relação com a importância social. Ao estabelecer a tarifa, é possível manter a modicidade do valor e garantir acessibilidade econômica. Ao estabelecer itinerários, o Poder Público faz o transporte público alcançar áreas que são financeiramente menos interessantes para as empresas que o operam, seja pela distância, seja pelo estado ruim das vias, que encarecem a manutenção, seja pela baixa demanda.*

## Questões para revisão

1. Entre os motivos que levaram à extinção do serviço de transporte público 15 anos após seu surgimento, em 1662, está a diminuição na demanda. Você percebe alguma relação entre esse fato e a crise atual do transporte público, decorrente da diminuição de usuários no sistema? Discorra sobre essa relação.

2. Quais momentos históricos marcaram a evolução dos transportes públicos? Como eles influenciaram esse processo?

3. (Fadesp – 2018 – Detran/PA) Quanto à classificação do serviço de transporte urbano, disposta na Lei n. 12.587, é correto afirmar o seguinte:

   a. Os serviços são divididos de acordo com sua função, natureza e características.

   b. A característica do serviço pode ser de carga ou passageiro.

   c. O serviço pode ser motorizado ou não motorizado.

   d. Quanto a sua natureza, o serviço pode ser público, privado ou misto.

   e. Transporte de ordem coletiva e individual são características de tipos de serviço.

4. A PNMU define que o transporte público coletivo urbano tem as seguintes características:

   I. Serviço de transporte de passageiros.

   II. Acessível a toda a população com pagamento coletivo.

   III. Itinerário e preços fixados pela operadora.

   IV. Pagamento individualizado acessível a parte da população.

   V. Acessível a toda a população.

Está(ão) correta(s) apenas a(s) alternativa(s):
a. I.
b. I e II.
c. I e IV.
d. II e III.
e. III e V.

5. A respeito dos três principais elementos que compõem o sistema de transporte público (veículo, via e infraestrutura), leia com atenção as afirmativas a seguir.

   I. A infraestrutura inclui itens como terminais, pontos de ônibus, ruas e trilhos.
   II. A infraestrutura inclui o sistema de bilhetagem eletrônica.
   III. Toda cidade está apta a receber qualquer tipo de veículo de transporte público.
   IV. A via engloba as canaletas exclusivas.
   V. O diagnóstico de mobilidade urbana pode auxiliar na escolha dos modais de transporte público que devem compor o sistema de cada cidade.

   Está(ão) correta(s) apenas a(s) afirmativa(s):
   a. IV.
   b. II e V.
   c. IV e V.
   d. II, IV e V.
   e. I, II e III.

## Questões para reflexão

1. Relacione possíveis causas que tornam o transporte público importante tanto para os usuários quanto para aqueles que não o utilizam rotineiramente.

2. Apesar da aparente similaridade, o transporte oferecido por aplicativos (como o Uber) e o oferecido pelos táxis são classificados em categorias diferentes segundo a Lei n. 12.587/2012; o primeiro é classificado como transporte privado individual, ao passo que o segundo é categorizado como transporte público individual. Por quê?

*capítulo dois*

# Estrutura da gestão de sistemas de transporte público

## Conteúdos do capítulo

+ Graus de intervenção governamental na gestão do sistema de transporte público.
+ Modelos administrativos.
+ Conceituação da gestão de sistemas de transporte público.
+ Funções das esferas administrativas.
+ Diferença entre gestão direta e gestão indireta.

## Após o estudo deste capítulo, você será capaz de:

1. identificar a tipologia de um sistema de transporte público com base no grau de intervenção governamental;
2. diferenciar as tipologias estruturais;
3. classificar o modelo de gestão em que um município se enquadra;
4. descrever o papel da União, dos estados e dos municípios para a efetivação da Política Nacional de Mobilidade Urbana (PNMU);
5. analisar criticamente as tipologias e suas aplicabilidades.

Existem diferentes formas de conduzir a gestão do transporte público, classificadas como *tendências tipológicas estruturais*, que podem resultar da maior ou da menor necessidade de moderação do serviço. De modo geral, são estabelecidas em âmbito nacional, mas também podem variar de uma região para outra dentro de um mesmo país.

## 2.1 *Grau de intervenção governamental: tendências tipológicas estruturais*

Com o interesse de mensurar o quanto um governo intervém na administração do serviço de transporte público, é possível identificar a tendência da tipologia organizacional. De modo geral, há três linhas: (1) baixo grau de intervenção, (2) intervenção ponderada e (3) alto grau de intervenção. Elas correspondem, respectivamente, à iniciativa do mercado em regime desregulamentado, à iniciativa do mercado em regime regulamentado e à iniciativa da Administração Pública. Essa intervenção refere-se, por exemplo, a quem cabe a responsabilidade de definir as características do serviço oferecido, como frequência e horários, se existe ou não necessidade de concurso público e a tarifa, entre outras.

Duarte (2012) destaca as experiências de três países – Reino Unido, Alemanha e França – que dispõem de estruturas organizacionais diferentes, cada um em uma linha tipológica. Tanto no Reino Unido quanto na Alemanha, a livre iniciativa do mercado caracteriza a oferta do serviço de transporte público. Entretanto, no primeiro ela ocorre de forma desregulamentada, ao passo que no segundo ela é regulada pela Administração Pública. Já a França representa uma tipologia em que a iniciativa depende diretamente da Administração Pública. A seguir, pormenorizaremos os casos desses três países.

### Reino Unido: iniciativa do mercado em regime desregulamentado

Adota a linha tipológica em que existe um **baixo grau de intervenção** do governo na gestão do sistema de transporte. Reflete um alto nível de maturidade e trata-se de um exemplo da iniciativa em um mercado desregulamentado. De modo geral, são os operadores do transporte público os responsáveis por determinar itinerários, frequências e tarifas do serviço oferecido, sem a existência de contrato com autoridades competentes. Podem ser realizados contratos eventuais, visando ao suprimento de algum tipo de carência identificada pela autoridade responsável. Aplica-se essa forma de organização em todo o território do Reino Unido, com exceção de Londres.

### Alemanha: iniciativa do mercado em regime regulamentado

Adota a linha tipológica em que o governo exerce **intervenção ponderada**. Nesse modelo organizacional, a iniciativa é do mercado, e este é regulado pela Administração Pública. Órgãos competentes determinam parâmetros do serviço oferecido, segurança e preocupações ambientais, mas não existe concurso público para definir operadores, bastando uma permissão da autoridade responsável para liberar a operação.

### França: iniciativa da Administração Pública

Adota a linha tipológica caracterizada pelo **maior grau de intervenção** do governo. Nesse caso, existe legislação que atribui o poder de regulação do serviço de transporte público a autoridades locais. A operação é classificada em duas categorias: (1) realizada diretamente pela Administração Pública e (2) delegada a empresa pública ou privada. Essa forma organizacional exige concurso para delegação do serviço. Essa linha tipológica é a adotada no Brasil.

## 2.2 Modelos de gestão

Além da tendência da estrutura tipológica, outra característica diferencia os principais modelos apresentados no exercício da gestão dos sistemas de transporte público. Diferentemente da classificação anterior, que se refere à estrutura com relação ao grau de intervenção do governo, esta classificação focaliza o formato administrativo empregado. No panorama internacional, distinguem-se cinco principais modelos de gestão aplicados ao sistema de transporte público (Duarte, 2012):

1. **Modelo 1** – É a prestação direta do serviço pelo Poder Público. Os outros quatro modelos trabalham com a prestação indireta do serviço, por meio de empresa pública ou não, conforme será detalhado.
2. **Modelo 2** – Envolve a atuação de uma empresa de transporte em que os acionistas majoritários são entidades públicas responsáveis pela definição dos objetivos estratégicos.
3. **Modelo 3** – Tem três níveis separados. Dois níveis são entidades públicas – uma é responsável pelos objetivos estratégicos, a outra é responsável por planejar e contratar o serviço; o terceiro nível – a prestação do serviço propriamente dito – é realizado por uma empresa que pode ser pública ou privada.
4. **Modelo 4** – Também tem três níveis – estratégico, tático e operacional –, mas difere do modelo anterior por permitir que a operadora de serviço estabeleça contrato com outros operadores.
5. **Modelo 5** – Atua como entidade reguladora que estabelece regra de concorrência, controle tarifário e contratual, enquanto diferentes operadores competem no mercado. Esse modelo tem por característica situações de menor regulação no mercado.

No Brasil, os que mais se aproximam dos estabelecidos por Duarte (2012) são o modelo 1, com a gestão direta pelo município, e os modelos 2 e 4, casos de gestão indireta, sendo o 2 o mais comum.

Entre os modelos 2 e 3, pouca diferença é observada. Enquanto o modelo 3 tem os níveis claramente formalizados em três desdobramentos, o modelo 2 não apresenta o mesmo padrão, podendo estar, na prática, dividido da mesma forma; isso, no entanto, não formalizaria a divisão, caracterizando-se muito mais como uma subdivisão interna de tarefas. Por esse motivo, o modelo 2 identifica-se mais com o exercício da gestão de sistemas de transporte público observado em âmbito nacional.

> *Para saber mais*
>
> DUARTE, M. S. D. M. **Modelos de gestão e financiamento de transportes coletivos urbanos.** 140 f. Dissertação (Mestrado em Engenharia) – Universidade do Porto, Porto, 2012. Disponível em: <https://repositorio-aberto.up.pt/bitstream/10216/68370/1/000154906.pdf>. Acesso em: 9 set. 2020.
>
> Para aprofundar seus conhecimentos sobre modelos de gestão, sugerimos a leitura da dissertação de mestrado de Duarte.

## 2.3 Gestão de sistemas de transporte: conceito, níveis e atribuições

A gestão dos sistemas de transporte público consiste em administrar o serviço com eficiência e eficácia. *Eficiência* significa fazer algo com o melhor aproveitamento dos recursos disponíveis; ao passo que *eficácia* expressa a forma de fazer a coisa certa, nesse caso, oferecer um serviço de transporte público de qualidade e de acordo com as diretrizes da Política Nacional de Mobilidade Urbana (PNMU) – Lei n. 12.587, de 3 de janeiro de 2012 (Brasil, 2012). Esta, por sua vez, objetiva a integração entre os diferentes modos de transporte e a melhoria da acessibilidade e da mobilidade das pessoas e das cargas no território dos municípios (Brasil, 2012).

Por se tratar da administração de um serviço público, a gestão de sistemas de transporte emprega recursos do povo e deve seguir os princípios da legalidade, da impessoalidade, da moralidade, da publicidade e da eficiência, com vistas ao bem-estar coletivo. Além disso, trata-se de uma função do Poder Público que envolve diferentes níveis de atuação – federal, estadual e municipal. Cada um dos níveis apresenta características diferentes, e eles, em sinergia, são complementares em suas ações para atender aos interesses da população.

Do nível mais genérico para o mais específico, há a gestão pública, a gestão da mobilidade urbana e a gestão do transporte público coletivo. A gestão pública e a da mobilidade urbana têm caráter estratégico, estando intrinsecamente ligadas à definição de diretrizes gerais, e relacionam-se com o nível federal. A gestão do transporte público envolve planejamento, coordenação e gerenciamento por parte do órgão responsável pelo funcionamento da rede de transporte e articula-se em nível municipal. Detalharemos a seguir os níveis da Administração Pública envolvida e suas atribuições conforme a PNMU.

### Atribuições da União

Envolvem principalmente apoio financeiro e técnico para instituições atreladas à PNMU. Constam do texto oficial as seguintes atribuições:

> Art. 16. São atribuições da União:
> [...]
> II – contribuir para a capacitação continuada de pessoas e para o desenvolvimento das instituições vinculadas

> à Política Nacional de Mobilidade Urbana nos Estados, Municípios e Distrito Federal, nos termos desta Lei;
> III – organizar e disponibilizar informações sobre o Sistema Nacional de Mobilidade Urbana e a qualidade e produtividade dos serviços de transporte público coletivo;
> IV – fomentar a implantação de projetos de transporte público coletivo de grande e média capacidade nas aglomerações urbanas e nas regiões metropolitanas;
> [...]
> VI – fomentar o desenvolvimento tecnológico e científico visando ao atendimento dos princípios e diretrizes desta Lei; e
> VII – prestar, diretamente ou por delegação ou gestão associada, os serviços de transporte público interestadual de caráter urbano. (Brasil, 2012)

## Atribuições dos estados e do Distrito Federal

Conforme estabelece a PNMU,

> Art. 17. São atribuições dos Estados:
> I – prestar, diretamente ou por delegação ou gestão associada[*], os serviços de transporte público coletivo intermunicipais de caráter urbano [...];

✦ ✦ ✦

[*] A **gestão associada** é prevista no art. 241 da Constituição Federal (Brasil, 1988), e com redação estabelecida pela Emenda Constitucional n. 19, de 4 de junho de 1998, que assim versa: "A União, os Estados, o Distrito Federal e os Municípios disciplinarão por meio de lei os consórcios públicos e os convênios de cooperação entre os entes federados, autorizando a **gestão associada de serviços públicos**, bem como a transferência total ou parcial de encargos, serviços, pessoal e bens essenciais à continuidade dos serviços transferidos" (Brasil, 1998, grifo nosso). Em suma, significa dizer que há cooperação entre entes de diferentes níveis, por exemplo, estado e município.

> II – propor política tributária específica e de incentivos para a implantação da Política Nacional de Modalidade Urbana; e
> III – garantir o apoio e promover a integração dos serviços nas áreas que ultrapassem os limites de um Município [...]. (Brasil, 2012)

### Atribuições dos municípios

As principais atividades e processos desse nível estão relacionadas ao planejamento, à execução e à prestação do serviço:

> Art. 18. São atribuições dos Municípios:
> I – planejar, executar e avaliar a política de mobilidade urbana, bem como promover a regulamentação dos serviços de transporte urbano;
> II – prestar, direta, indiretamente ou por gestão associada, os serviços de transporte público coletivo urbano, que têm caráter essencial. (Brasil, 2012)

A prestação do serviço de transportes público pode ser delegada a outrem, ao passo que cabe exclusivamente ao município as tarefas de elaborar o planejamento e de executá-lo, sendo que acompanhamento de ações como metas, reajuste de tarifas, comunicação com o usuário e governança, descritos a seguir, são as principais atividades relacionadas a esse serviço.

+ **Acompanhamento das metas** – Para os casos em que o município opta por contratar empresa para a realização do serviço de transporte público, a concessão vem atrelada a um projeto básico que especifica itinerários, linhas e frequência, entre outros aspectos. Essas metas, que devem ser acompanhadas ao longo do tempo, verificando-se o atendimento do projeto básico e identificando-se oportunidades de melhorias, precisam ser estabelecidas e cumpridas também no caso de opção por oferta direta do serviço de transporte por parte do município.

- **Reajuste da tarifa** – A tarifa é o preço que os usuários pagam pela utilização dos serviços do transporte público coletivo. Defini-la é uma atribuição do Poder Público, e os reajustes são realizados conforme a conveniência do município. A receita advinda das tarifas públicas, chamada de *receita tarifária*, geralmente é uma das principais formas de custeio do serviço. Cabe destacar que *tarifa* não é o mesmo que *tarifa de remuneração* – esta é o que as empresas contratadas recebem por passageiro transportado, sendo determinada com base na proposta vencedora no processo licitatório.
- **Comunicação com o usuário** – Inclui desde pesquisa de satisfação, recebimento de reclamações e de sugestões até disponibilização de informações, como horários e itinerários. O uso de tecnologias de transmissão de informação em tempo real tem sido um grande aliado nesse cenário, podendo, por exemplo, indicar por plataforma *on-line* o tempo de espera por um ônibus em um ponto específico. Na cidade de São Paulo, essa função é realizada pela plataforma Olho Vivo.
- **Governança** – Modelo de atuação por meio do qual o Poder Público alinha necessidades da população com as políticas públicas. Na definição do Ministério das Cidades (Brasil, 2020b), a governança relaciona-se ao arranjo institucional e às práticas pela qual o órgão gestor é capaz de avaliar o serviço, coordenar e articular mudanças necessárias, direcionar recursos e implantar melhores alternativas.

## Gestão direta

Muitas cidades optam por contratar empresas para a realização do serviço de transporte público. Entretanto, em alguns casos, como em locais com pequeno volume de passageiros, pode ser inviável o repasse desse serviço, o que estimula o município a exercê-lo de maneira direta (Brasil, 2020b). Para essas situações, o custeio da operação de transporte público torna-se um desembolso orçamentário; o recolhimento da tarifa serve como abatimento do valor investido no serviço, ficando a cargo das contas públicas suprir a diferença.

A escolha pela prestação direta do serviço de transporte nem sempre está associada exclusivamente a municípios de pequeno porte. Existem no mundo experiências aplicadas a grandes cidades, como é o caso de Paris, na França. Em toda a Île-de-France, região administrativa que engloba a capital francesa, a gestão de transporte é realizada de forma direta. Conforme Araújo et al. (2016), a autoridade gestora é uma instituição da Administração Pública que conta com um comitê gestor responsável pelas decisões, um conselho de representantes da área abrangida e comissões temáticas. O Quadro 2.1, a seguir, apresenta exemplos de cidades que optaram pelo modelo de prestação direta do serviço.

Quadro 2.1 – *Exemplos de operadores de transporte público de forma direta*

| Cidade | Empresa pública[*] |
|---|---|
| Paris, França | RAPT (empresa púbica opera ônibus, trens e metrô na Região Metropolitana de Paris); |
| Nova Iorque, EUA | MTA (empresa pública estadual que opera ônibus e metrô na Região Metropolitana de Nova Iorque). |
| Porto Alegre, RS | Carris, operadora de ônibus em Porto Alegre, RS |
| Maricá, RJ | EPT, opera os ônibus na cidade de Maricá, RJ |

Fonte: Brasil, 2020b, p. 32.

✦ ✦ ✦

* Regie Autonome des Transports Parisiens (RAPT);
Metropolitan Transportation Authority (MTA);
Empresa Pública de Transportes (EPT) de Maricá.

É importante destacar que a PNMU estabelece que são tarefas intransferíveis do município **planejar, executar** e **avaliar** a política de mobilidade urbana, bem como **regulamentar** os serviços de transporte urbano. Isso significa que, mesmo que se opte por delegar a empresa ou a particular a operação, o município não se isenta dessas tarefas.

## Gestão indireta

Segundo o Ministério das Cidades (Brasil, 2020b), a grande maioria dos municípios brasileiros delega à iniciativa privada o transporte público. Um dos motivos para essa escolha é a possibilidade de aplicar a agilidade inerente ao setor privado na prestação de um serviço público. Nesse sentido, há dois modelos de realização da cessão do serviço:

1. **Concessão** – Formalizada por contrato administrativo bilateral, com direitos e responsabilidades para contratante e contratado. Conforme a Lei de Concessões – Lei n. 8.987, de 13 de fevereiro de 1995 (Brasil, 1995) –, a concessão é caracterizada pela transferência da responsabilidade do Poder Público para outro (pessoas jurídicas ou consórcio de empresas), para realizar a atividade de prestação do serviço de transporte público mediante processo de licitação. Na forma da lei, é exigido que o interessado em assumir a tarefa "demonstre capacidade para seu desempenho, por sua conta e risco e por prazo determinado" (Brasil, 1995).
2. **Permissão** – Formalizada por contrato de adesão, pode ser unilateralmente revogada pelo Poder Público a qualquer momento, restando à contratada, nessa hipótese, receber indenização. Conforme a Lei de Concessões, é "a delegação, a título precário, mediante licitação, da prestação de serviços públicos, feita pelo poder concedente à pessoa física ou jurídica que demonstre capacidade para seu desempenho, por sua conta e risco" (Brasil, 1995).

Comparativamente, o regime de concessão oferece mais transparência ao processo e mais estabilidade da oferta do serviço ao longo do tempo. A maior estabilidade para as empresas gera uma percepção de diminuição de risco de investimento, incidindo sobre o valor da tarifa de remuneração. As concessões podem ser realizadas em três modalidades distintas, segundo a legislação brasileira: (1) concessão comum, (2) concessão patrocinada e (3) concessão administrativa, sendo as duas últimas realizadas no modelo de parcerias público-privadas (PPPs). Veremos o assunto com mais detalhes no próximo capítulo.

### Consultando a legislação

BRASIL. Lei n. 8.987, de 13 de fevereiro de 1995. **Diário Oficial da União**, Poder Legislativo, Brasília, DF, 14 fev. 1995. Disponível em: <http://www.planalto.gov.br/ccivil_03/leis/L8987compilada.htm>. Acesso em: 9 set. 2020.

Para aprofundar seus conhecimentos sobre o regime de concessão e permissão consulte na integra a lei que dispõe sobre o tema.

## Síntese

Neste capítulo, comentamos que existem três principais estruturas tipológicas diferentes quanto ao grau de intervenção exercido pelo Poder Público na gestão de sistemas de transporte em âmbito internacional. Além disso, explicamos que os modelos de gestão podem ser classificados em cinco diferentes tipos.

Por fim, especificamos as atribuições de cada esfera administrativa na gestão do transporte público.

# Perguntas & respostas

1. Tanto o regime de concessão quanto o de permissão exigem realização de licitação para contratação de interessado em oferecer o serviço de transporte público. Apesar dessa característica comum, os regimes diferem entre si. Quais são as diferenças entre eles?

   *Resposta: A concessão é formalizada por contrato administrativo bilateral, com direitos e responsabilidades para contratante e contratado; a permissão, por seu turno, é formalizada por contrato de adesão, podendo ser unilateralmente revogada pelo Poder Público a qualquer momento, restando à contratada receber indenização. Comparativamente, o caráter estável da concessão oferece maior segurança jurídica, importante para serviços que demandam altos investimentos; já o caráter instável da permissão oferece menor segurança jurídica, maior risco de investimento para a empresa ou para o particular envolvido e se adéqua a serviços de natureza simples e reduzida demanda orçamentária.*

2. Atualmente, seria possível no Brasil a oferta do serviço de transporte público por meio de uma estrutura baseada na tipologia caracterizada por livre iniciativa do mercado em regime desregulamentado?

   *Resposta: O regime desregulamentado é característico de um mercado que apresenta maturidade elevada e que não exige constante monitoramento e intervenções para funcionar adequadamente. É visível que, no Brasil, dado o abismo social observado na realidade dos centros urbanos, faz-se necessário um comprometimento e uma regulação por parte do Poder Público com a finalidade de manter as características de acessibilidade e de equidade da oferta do serviço.*

## Questões para revisão

1. Quais são as tipologias estruturais relativamente ao grau de intervenção do Poder Público na gestão dos sistemas de transporte? Descreva as características de cada uma.

2. Diferencie gestão direta de gestão indireta e aponte um motivo que justifique o uso de cada uma delas.

3. (IBFC – 2015 – Emdec) Sobre a Mobilidade Urbana, são atribuições dos municípios os itens relacionados abaixo, **exceto** o que está na alternativa:

    a. Planejar, executar e avaliar a política de mobilidade urbana, bem como promover a regulamentação dos serviços de transporte urbano.

    b. Fomentar o desenvolvimento tecnológico e científico visando ao atendimento dos princípios da lei de mobilidade urbana.

    c. Prestar direta, indiretamente ou por gestão associada, os serviços de transporte público coletivo urbano, que têm caráter essencial.

    d. Capacitar pessoas e desenvolver instituições vinculadas à política de mobilidade urbana do município.

4. (Fundep – 2013 – BHTrans) Segundo a Lei da Política Nacional de Mobilidade Urbana, é atribuição do Município

    a. prestar, direta, indiretamente ou por gestão associada, os serviços de transporte público coletivo urbano, que têm caráter essencial.

    b. propor política tributária específica e de incentivos para implantação da Política Nacional de Mobilidade Urbana.

c. fomentar a implantação de projetos de transporte público coletivo de grande e média capacidades nas aglomerações urbanas.

d. implantar incentivos financeiros e fiscais para a efetivação dos princípios e diretrizes da Lei da Política Nacional de Mobilidade Urbana.

5. (Fadesp – 2018 – IFPA) De acordo com a Lei n. 12.587/2012, o Sistema Nacional de Mobilidade Urbana é o conjunto organizado e coordenado dos modos de transporte, de serviços e de infraestruturas que garante os deslocamentos de pessoas e cargas no território do município. São modos de transporte urbano:

   a. Motorizados e não motorizados.

   b. Público e individual.

   c. Privado e coletivo.

   d. De cargas e coletivo.

   e. De passageiros e privado.

## Questões para reflexão

1. Qual é o papel da União relativamente à Política Nacional de Mobilidade Urbana e ao sistema de transporte público coletivo?

2. Considere que, em determinada cidade, algumas linhas de transporte público urbano ultrapassam o território municipal. Nesse contexto, a quem cabe prestar o serviço de transporte público coletivo?

✦ ✦ ✦

*capítulo três*

# Gestão de sistema de transporte público e marcos regulatórios

*Conteúdos do capítulo*

+ Arcabouço normativo da Política Nacional de Mobilidade Urbana (PNMU) e do transporte público.
+ Mobilidade e transporte público no Estatuto da Cidade.
+ PNMU, um marco regulatório.
+ Plano Diretor.
+ Plano de Mobilidade Urbana.

*Após o estudo deste capítulo, você será capaz de:*

1. reconhecer as regulamentações pertinentes ao sistema de transporte público;
2. correlacionar as regulamentações no contexto da gestão do serviço oferecido;
3. identificar o arcabouço normativo que deve ser considerado no estudo do tema;
4. analisar a evolução da legislação que resultou na atual qualidade da normatização relacionada ao transporte e à mobilidade;
5. aplicar a legislação no exercício da atividade de gestor.

Neste capítulo, descreveremos o arcabouço normativo que orienta a gestão do serviço de transporte público. Nosso propósito é apresentar, de forma descomplicada, o panorama das leis e detalhar sua aplicação.

Para isso, inicialmente, analisaremos a lei mais abrangente do país, a Constituição Federal, e passaremos para as mais específicas, de caráter municipal. A exposição das leis de mesma importância respeita a ordem cronológica.

## 3.1 Tratamento do transporte na Constituição Federal

A Constituição é a lei mais importante de um país, sendo composta por um conjunto de normas reguladoras que instituem os pilares jurídicos do Estado. No Brasil, vigora a Constituição Federal aprovada e promulgada no ano de 1988, a qual dispõe sobre a natureza dos serviços públicos e fundamenta todo o arranjo normativo e institucional da Federação (Brasil, 1988). A Carta Magna define o transporte como um direito social fundamental, ao lado de moradia, trabalho e alimentação, e orienta expressamente a elaboração de planos (nacionais e regionais) de ordenação do território e de desenvolvimento econômico e social, cujo recorte temático abrange a questão do transporte e da mobilidade.

Nesse sentido, cabe à União instituir diretrizes e legislar sobre a Política Nacional de Transporte. Atuam como instrumentos de execução da política de desenvolvimento urbano o Estatuto da Cidade – Lei n. 10.257, de 10 de julho de 2001 (Brasil, 2001) – e a Política Nacional de Mobilidade Urbana (PNMU) – Lei n. 12.587, de 3 de janeiro de 2012 (Brasil, 2012) –, que estabelecem critérios para a elaboração de plano de transporte urbano integrado e de plano de mobilidade, respectivamente, sendo que o primeiro pode ser por opção incluído no Plano Diretor ou independente. Além disso, o gestor de sistemas de transporte público, no exercício de suas atividades, deve pautar suas decisões em outras leis, as quais devem dispor sobre os processos de licitação, concessão e parceria público-privada (PPP), entre outros. O *PlanMob: caderno de referências para elaboração de plano de mobilidade* destaca que

> A gestão pública dos serviços de transporte coletivo exige um adequado suporte institucional constituído, em primeiro lugar, por um conjunto de normas que regulam a sua prestação, desde a forma e as condições da delegação de sua exploração para operadores privados até as condições mínimas estabelecidas para a oferta dos serviços aos usuários. **Estas normas geralmente são definidas por leis, decretos, portarias, contratos e outros instrumentos que constituem o seu marco regulatório.** (Brasil, 2015b, p. 64, grifo nosso)

Ao município, compete organizar e prestar os serviços públicos de transporte coletivo, que têm caráter essencial.

## 3.2 Tratamento do transporte no Estatuto da Cidade

Desde que entrou em vigor o Estatuto da Cidade, que propõe normas reguladoras em prol do bem coletivo, da segurança e do bem-estar dos cidadãos, houve uma expectativa geral de transformações e de diminuição nas desigualdades no âmbito das cidades (Brasil, 2001). Aos **municípios**, coube a tarefa de elaborar os **Planos Diretores**, instrumentos de execução da lei e de desenvolvimento.

O Plano Diretor é um pré-requisito para as cidades acessarem financiamentos do governo federal, servindo ao propósito de **planejar e executar** projetos, a fim de melhorar a qualidade de vida das populações de centros urbanos. Com a publicação do Estatuto da Cidade, passou a ser obrigatória a elaboração de Plano Diretor para municípios com as seguintes características:

> Art. 41. [...]
> I – com mais de vinte mil habitantes;
> II – integrantes de regiões metropolitanas e aglomerações urbanas;
> III – onde o Poder Público municipal pretenda utilizar os instrumentos previstos no § 4º do art. 182 da Constituição Federal[*];
> IV – integrantes de áreas de especial interesse turístico;
> V – inseridas na área de influência de empreendimentos ou atividades com significativo impacto ambiental de âmbito regional ou nacional. (Brasil, 2001)

Além disso, o estatuto determinou que os municípios com mais de 500 mil habitantes devem elaborar um plano de transporte integrado compatível com o Plano Diretor ou nele inserido, tendo em vista principalmente a integração de grandes aglomerados urbanos com sua região metropolitana. Em 2012, entrou em vigor a Lei

♦ ♦ ♦

* Art. 182, parágrafo 4º: "É facultado ao poder público municipal, mediante lei específica para área incluída no plano diretor, exigir, nos termos da lei federal, do proprietário do solo urbano não edificado, subutilizado ou não utilizado, que promova seu adequado aproveitamento, sob pena, sucessivamente, de: I – parcelamento ou edificação compulsórios; II – imposto sobre a propriedade predial e territorial urbana progressivo no tempo; III – desapropriação com pagamento mediante títulos da dívida pública de emissão previamente aprovada pelo Senado Federal, com prazo de resgate de até dez anos, em parcelas anuais, iguais e sucessivas, assegurados o valor real da indenização e os juros legais" (Brasil, 1988).

n. 12.587/2012, instituindo a PNMU, que alterou a abrangência da obrigatoriedade da elaboração do plano voltado ao transporte.

> A Política Nacional de Mobilidade Urbana ampliou de 38 para 1.669 o número de municípios obrigados a ter um plano de mobilidade. Antes, pelo Estatuto da Cidade (Lei 10.257/2001), apenas as cidades com mais de 500 mil moradores precisavam de um plano para o transporte público. Desde fevereiro do ano passado, porém, municípios acima de 20 mil habitantes também terão que elaborar um plano de mobilidade urbana, integrado ao plano diretor, até janeiro de 2015[*]. Caso contrário, ficarão impedidos de receber os recursos orçamentários federais destinados à área. (Brasil, 2013, p. 72)

Cabe acrescentar que o Estatuto da Cidade foi um marco por definir claramente que o desenvolvimento urbano deve incluir a **gestão democrática da cidade**, com a participação da população ou de associações que representem os grupos envolvidos. Nesse sentido, para a gestão do transporte público urbano, o estatuto define que o usuário do sistema de transporte tem direito, mais do que a um serviço de qualidade, a participar do planejamento, da fiscalização e da avaliação das políticas de mobilidade urbana.

✦ ✦ ✦

* A primeira data oficial estabelecida como prazo limite para que os municípios elaborassem seu Plano de Mobilidade Urbana foi 2015. Todavia, desde então, diversas emendas à lei têm prorrogado o prazo, atualmente estabelecido para 2022, para municípios com mais de 250 mil habitantes, e 2023, para aqueles com 250 mil habitantes ou menos (Brasil, 2020a).

## 3.3 Leis anteriores à Política Nacional de Mobilidade Urbana

A Constituição Federal determinou que é responsabilidade da União instituir diretrizes para o desenvolvimento urbano, incluindo os transportes. Por isso, os primeiros projetos de lei (PL) relacionados à temática foram elaborados antes mesmo da PNMU e do Estatuto da Cidade (Quadro 3.1).

Quadro 3.1 – Projetos de lei anteriores à criação da Política Nacional de Mobilidade Urbana

| Pojeto de Lei n. | Ano | Dispõe sobre |
|---|---|---|
| 4.203 | 1989 | Normas do Sistema Nacional de Transportes Coletivos Urbanos de Passageiros |
| 870 | 1991 | Diretrizes nacionais de transporte coletivo urbano |
| 1.777 | 1991 | Princípios de regras básicas para os serviços de transporte coletivo rodoviário de passageiros |
| 2.594 | 1992 | Diretrizes nacionais do transporte coletivo urbano |
| 694 | 1995 | Diretrizes nacionais do transporte coletivo urbano |
| 1.974 | 1996 | Prestação de serviços de transporte rodoviário coletivo de passageiros sobre o regime de concessão ou de permissão |
| 2.234 | 1999 | Sistema integrado de transporte coletivo urbano |
| 1.687 | 2007 | Diretrizes da política de mobilidade urbana |
| 166 | 2010 | **Diretrizes da Política Nacional de Mobilidade Urbana** |

Fonte: Elaborado com base em Brasil, 2015b; Lima Neto; Galindo, 2015.

Em 2001, enquanto os PLs apresentados anteriormente a esse ano tramitavam, foi instituído o Estatuto da Cidade, a primeira lei promulgada que abordava, de algum modo, o tema de transporte. No entanto, ela atingia um grupo pequeno de cidades (somente aquelas com mais de 500 mil habitantes), o que reforçou a necessidade de um referencial normativo específico para abarcar mais municípios brasileiros.

Evolutivamente, os PLs, que inicialmente abordavam os temas de forma muito isolada, foram adensando conceitos, os quais deram origem a um projeto mais completo e abrangente em 2010. O mérito por esse feito pode ser conferido, em parte, ao Ministério das Cidades, o qual, criado pouco tempo depois do Estatuto da Cidade, dava um novo e mais completo enfoque às questões de mobilidade. Nesse sentido, foi "emblemática a alteração do termo inicial de diretrizes nacionais do 'transporte coletivo urbano' para diretrizes mais abrangentes referentes à 'Política Nacional de Mobilidade Urbana'" (Brasil, 2015b, p. 22).

Após anos de adições e cortes, surgiu em 2010 o Projeto de Lei n. 166, que resultou na PNMU, analisada pelo Senado Federal e aprovada em 2011. Esta, que se tornou lei sob a designação *Lei n. 12.587, de 3 de janeiro de 2012*, foi um divisor de águas na política de mobilidade, "ainda que não seja possível agradar a todos, foi definido o marco legal da mobilidade urbana. Se não foi construído em consenso, ao menos envolveu diversos setores governamentais, empresariais e da sociedade civil, ainda que nem sempre ao mesmo tempo" (Lima Neto; Galindo, 2015, p. 12).

## 3.4 *Política Nacional de Mobilidade Urbana*

A PNMU pode ser definida como "um dos eixos estruturadores da Política Nacional de Desenvolvimento Urbano, que deve ser entendida como um conjunto de princípios, diretrizes e normas que norteiam a ação do Poder Público e da sociedade em geral, na produção e na gestão das cidades" (Brasil, 2015b, p. 22).

Conforme a PNMU, o sistema de transporte coletivo faz parte de um sistema maior, o de mobilidade urbana, que também inclui os demais modos de transporte e a infraestrutura, e não somente o público. Nesse sentido, é necessário destacar que a provisão e a gestão de transporte público urbano também estão relacionadas à provisão da mobilidade urbana como um todo (Brasil, 2020b).

Para orientar os municípios na elaboração do plano de mobilidade, o Ministério das Cidades elaborou um caderno de referências atualizado, em consonância com a PNMU, que disponibiliza uma lista de conteúdos mínimos que devem ser contemplados pelas cidades, conforme pode ser observado no Quadro 3.2.

Quadro 3.2 – *Conteúdos mínimos dos planos de mobilidade das cidades*

| | |
|---|---|
| I | Transporte coletivo |
| II | Circulação viária |
| III | Infraestrutura de mobilidade (inclusive ciclovias e ciclofaixas) |
| IV | Acessibilidade universal |
| V | Integração de modos de transporte |
| VI | Transporte de cargas |
| VII | Polos geradores de viagens |
| VIII | Estacionamentos |
| IX | Controles de acesso e circulação |
| X | Financiamento da mobilidade urbana |
| XI | Avaliação e atualização do plano de mobilidade urbana a cada 10 anos |

Fonte: Elaborado com base em Brasil, 2012; 2015b.

A PNMU passou a ser a principal lei reguladora na elaboração dos planos, especialmente para os itens destacados no Quadro 3.2. Além deles, a importância dessa política para a gestão do transporte público coletivo urbano, segundo o Ministério das Cidades (Brasil, 2020b), reside nas ações de:

- reforçar a obrigatoriedade de se licitar o sistema de transporte e de se estabelecerem mecanismos regulatórios e metas de qualidade nos contratos;

- implantar melhorias no processo de estruturação de concessão e de desenvolvimento de um sistema de gestão com capacidade para melhorar a governança que envolve, por exemplo, definição de uma série de requisitos e diretrizes para a contratação de empresa, fixação de metas de qualidade e mensuração de desempenho por meio de instrumentos de controle e de avaliação;
- abordar temas de políticas tarifárias, como tarifa pública, tarifa de remuneração e revisão tarifária, entre outros.

A seguir, detalharemos os princípios, as diretrizes e as normas estabelecidos na PNMU.

## Princípios da PNMU

Os princípios que fundamentam a PNMU estão elencados em seu art. 5º:

> Art. 5º [...]
> I – acessibilidade universal;
> II – desenvolvimento sustentável das cidades, nas dimensões socioeconômicas e ambientais;
> III – equidade no acesso dos cidadãos ao transporte público coletivo;
> IV – eficiência, eficácia e efetividade na prestação dos serviços de transporte urbano;
> V – gestão democrática e controle social do planejamento e avaliação da Política Nacional de Mobilidade Urbana;
> VI – segurança nos deslocamentos das pessoas;
> VII – justa distribuição dos benefícios e ônus decorrentes do uso dos diferentes modos e serviços;

> VIII – equidade no uso do espaço público de circulação, vias e logradouros; e
> IX – eficiência, eficácia e efetividade na circulação urbana. (Brasil, 2012)

Note que os nove princípios concernem à oferta de um serviço de qualidade, disponível e acessível a toda a população, gerenciado dentro dos parâmetros de melhor aproveitamento dos recursos disponíveis, que, via de regra, são recursos públicos. Isso se efetiva por meio de uma gestão democrática que permita aos usuários participar de todo o processo de planejamento e fiscalização, além de atender às dimensões socioeconômicas e ambientais que fazem parte do contexto urbano.

## Diretrizes da PNMU

As diretrizes que orientam a PNMU estão dispostas em seu art. 6º:

> Art. 6º [...]
> I – integração com a política de desenvolvimento urbano e respectivas políticas setoriais de habitação, saneamento básico, planejamento e gestão do uso do solo no âmbito dos entes federativos;
> II – prioridade dos modos de transportes não motorizados sobre os motorizados e dos serviços de transporte público coletivo sobre o transporte individual motorizado;
> III – integração entre os modos e serviços de transporte urbano;

> IV – mitigação dos custos ambientais, sociais e econômicos dos deslocamentos de pessoas e cargas na cidade;
> V – incentivo ao desenvolvimento científico-tecnológico e ao uso de energias renováveis e menos poluentes;
> VI – priorização de projetos de transporte público coletivo estruturadores do território e indutores do desenvolvimento urbano integrado; e
> VII – integração entre as cidades gêmeas localizadas na faixa de fronteira com outros países sobre a linha divisória internacional. (Brasil, 2012)

A Lei n. 13.683, de 19 de junho de 2018, que atualiza alguns tópicos do Estatuto da Metrópole – Lei n. 13.089, de 12 de janeiro de 2015 (Brasil, 2015a) – e da PNMU, incluiu ainda nessa lista um oitavo item: "garantia de sustentabilidade econômica das redes de transporte público coletivo de passageiros, de modo a preservar a continuidade, a universalidade e a modicidade tarifária do serviço" (Brasil, 2018b).

As diretrizes elencadas na PNMU, complementadas pela inclusão desse novo item, determinam basicamente a importância de: planejar a mobilidade urbana associada ao uso e à ocupação do solo; procurar compensar os custos gerados para as dimensões socioeconômicas e ambientas oriundas dos deslocamentos; promover o desenvolvimento e o uso de energias sustentáveis; consolidar o transporte integrado entre cidades fronteiriças. Além disso, elas estabelecem a hierarquia de prioridade dos transportes, na qual deve prevalecer, entre todos, o transporte não motorizado seguido do transporte público coletivo, sendo este último o foco estruturador do território (Figura 3.1).

*Figura 3.1 – Pirâmide invertida de prioridade de transportes*

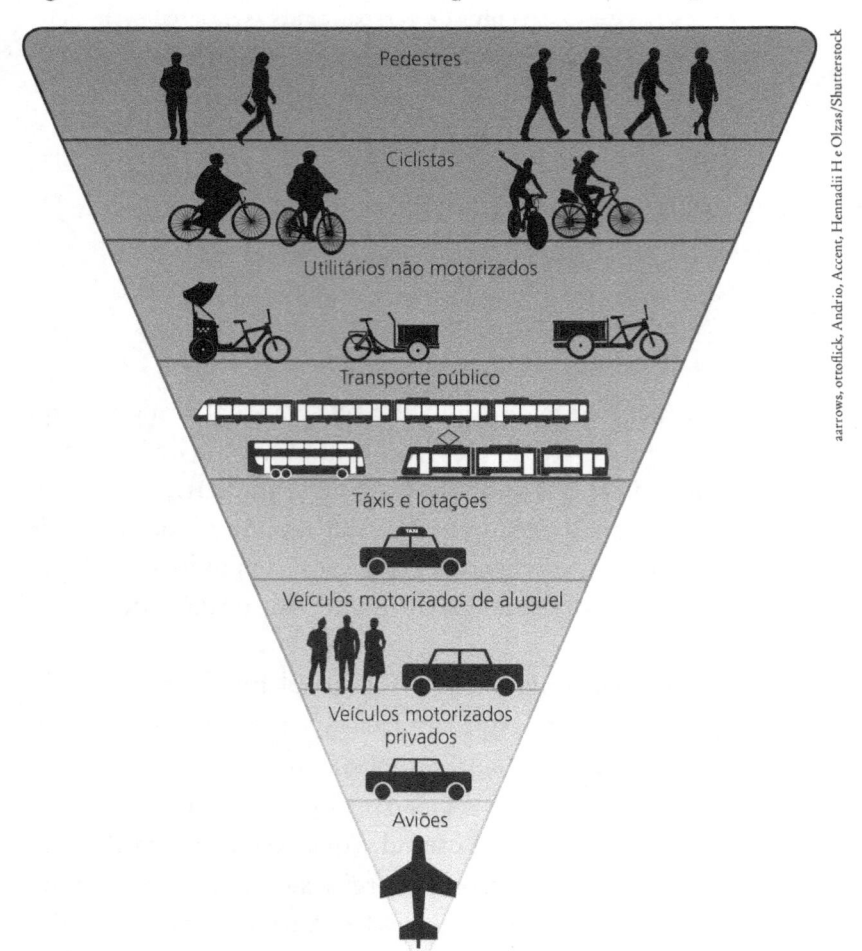

- Pedestres
- Ciclistas
- Utilitários não motorizados
- Transporte público
- Táxis e lotações
- Veículos motorizados de aluguel
- Veículos motorizados privados
- Aviões

arrows, ottodick, Andrio, Accent, Hennadii H e Olzas/Shutterstock

Fonte: Bicycle Innovation Lab, 2020, tradução nossa.

Além das **diretrizes** que citamos, a PNMU estabelece, em seu Capítulo II, "diretrizes para regulação dos serviços de transporte público coletivo" e, no Capítulo V, "diretrizes para o planejamento e gestão dos sistemas de mobilidade urbana" (Brasil, 2012). É preciso atentar para a importância desses capítulos no que se refere à gestão do sistema de transportes, foco, aliás, desta obra. Embora esses capítulos se assemelhem a "manuais de instrução", não podemos esquecer de seu caráter normativo, que rege os entes federativos – municípios, estados, Distrito Federal e União. Isso significa dizer que tal documento não faz meras sugestões, mas estabelece obrigações a serem atendidas.

As diretrizes para a regulação dos serviços de transporte público coletivo determinam que a política tarifária deve contemplar os regimes econômico e financeiro, e que, competindo ao município defini-la, esse dever não poderá ser delegado a empresa particular. Nesse sentido, a lei prevê que as tarefas de realizar licitação (caso de gestão indireta) e de fiscalizar o serviço de transporte público são competências intransferíveis do município, resumidas a seguir com base na Lei n. 12.587/2012 (Brasil, 2012).

- **Política tarifária** – Estabelece a equidade no acesso; a eficiência e a eficácia da prestação do serviço; o custeio da operação por meio de usuários diretos e indiretos; a integração (física, tarifária e operacional); a modicidade da tarifa; e a transparência e a publicidade sobre o valor cobrado.
- **Regime econômico e financeiro da concessão** – Dispõe sobre as diretrizes para a composição da tarifa de remuneração da contratada, da tarifa do usuário e de seus reajustes e revisões.
- **Obrigatoriedade de licitação em caso de gestão indireta** – Determina a necessidade de fixação de metas de qualidade e de desempenho e de mecanismos de controle e avaliação, incentivos e penalidades; o estabelecimento de alocação de riscos entre contratante e contratada; e prestação de contas por parte da contratada ao Poder Público.
- **Competência intrasferível do município em regulamentar e fiscalizar o serviço de transporte público** – Dispõe sobre diretrizes relacionadas a: tributos municipais; seguros; regime de contratação; e critérios de contratação dos motoristas.

Já as diretrizes para o planejamento e a gestão dos sistemas de mobilidade urbana dispõem sobre: planejamento, gestão e avaliação; atribuições mínimas das esferas administrativas; instrumentos que podem ser utilizados; e necessidade de contemplar os princípios da PNMU no Plano de Mobilidade. A seguir, apresentamos um resumo da Lei n. 12.587/2012 a esse respeito.

- **Planejamento, gestão e avaliação** – Estabelecer objetivos de curto, de médio e de longo prazos; identificar meios financeiros; e usar indicadores para monitorar metas de universalização da oferta de transporte público.
- **Atribuições mínimas das esferas administrativas gestoras (municípios, estados e Distrito Federal) para transporte urbano intermunicipal** – Determinar itinerários, frequências e padrão de qualidade dos serviços; implantar a política tarifária; observar direitos e deveres dos usuários; e combater o transporte ilegal de passageiros.
- **Instrumentos que podem ser utilizados** – Definir mecanismos permitidos de controle de: circulação, emissão de poluentes, aplicação de tributos, vias exclusivas e criação de políticas de estacionamento, entre outros.
- **Necessidade de contemplar os princípios da PNMU no Plano de Mobilidade (âmbito municipal)** – Estabelecer os elementos que o plano de mobilidade deve contemplar, tais como serviço de transporte coletivo, circulação viária e infraestrutura, entre outros.

## Objetivos da PNMU

Os objetivos que orientam a PNMU tratam principalmente da inclusão social por meio do acesso da população ao meio urbano. Segundo a lei, são eles:

> Art. 7° [...]
>
> I – reduzir as desigualdades e promover a inclusão social;
> II – promover o acesso aos serviços básicos e equipamentos sociais;
> III – proporcionar melhoria nas condições urbanas da população no que se refere à acessibilidade e à mobilidade;
> IV – promover o desenvolvimento sustentável com a mitigação dos custos ambientais e socioeconômicos dos deslocamentos de pessoas e cargas nas cidades; e
> V – consolidar a gestão democrática como instrumento e garantia da construção contínua do aprimoramento da mobilidade urbana. (Brasil, 2012)

Em suma, os objetivos apresentados neste capítulo, em conjunto com os princípios e as diretrizes resumidos anteriormente, compõem a principal norma reguladora da Política de Mobilidade Urbana no Brasil e, por consequência, são essenciais para todos aqueles que trabalham ou desenvolvem pesquisas relacionadas ao transporte público no país (Brasil, 2012).

## 3.5 Outras leis importantes para a gestão de sistemas de transporte público

Conforme a Constituição Federal, os municípios podem optar por prestar de forma direta o serviço de transporte público coletivo ou contratar empresa para essa função. Nesse caso, além da PNMU, devem ser observadas outras quatro normas jurídicas na elaboração e na regulação da prestação de serviços de transporte público coletivo urbano com qualidade:

1. **Lei de Licitações** – Lei n. 8.666, de 21 de junho de 1993 (Brasil, 1993) – Institui normas para licitações e contratos da Administração Pública e dá outras providências. Essa lei visa a dar lisura às aquisições e à contratação de serviços realizadas pelo Poder Público, incluindo a contratação de empresa para prestação de transporte público, com a exigência de que sejam adotados os princípios de impessoalidade, moralidade, igualdade, publicidade, probidade administrativa, vinculação ao instrumento convocatório e julgamento objetivo.
2. **Lei de Concessões** – Lei n. 8.987, de 13 de fevereiro de 1995 (Brasil, 1995) – Dispõe sobre os regimes de concessão e de permissão da prestação de serviços públicos previstos. Vale lembrar que, conforme registramos no capítulo anterior, a concessão caracteriza-se como um contrato bilateral que oferece maior segurança jurídica, ao passo que a permissão configura-se como um contrato unilateral no qual o Poder Público pode revogar a qualquer momento a contratação, oferecendo, portanto, menor segurança jurídica ao contratado. As concessões podem ser de três tipos: concessão comum, concessão patrocinada e concessão administrativa.

- **Concessão comum** – A concessionária é remunerada pela tarifa do usuário. Não envolve contraprestação pecuniária* do parceiro público ao parceiro privado e não constitui PPP (Brasil, 2004). A concessão comum pode ser subsidiada em alguns casos; isso significa que o Poder Público contribui com a receita da concessão além da tarifa. Concessão comum subsidiada não é o mesmo que concessão patrocinada.

◆ ◆ ◆

\* A contraprestação pecuniária ocorre quando o contratante – o Poder Público – paga um valor adicional pela garantia da oferta do serviço continuado e ininterrupto.

- **Concessão patrocinada (PPP)** – Envolve, adicionalmente à tarifa cobrada dos usuários, contraprestação pecuniária do parceiro público para o privado (Brasil, 2004). Isso significa dizer que, além das tarifas cobradas dos passageiros, a concessionária deve receber uma parcela periódica de remuneração da autoridade concedente que viabiliza financeiramente o empreendimento (Brasil, 2020b).
- **Concessão administrativa (PPP)** – Nesse caso, a Administração Pública aparece como usuária do serviço de forma direta ou indireta, ainda que envolva execução de obra ou fornecimento e instalação de bens (Brasil, 2004).
3. **Lei de Parceria Público-Privada (PPP)** – Lei n. 11.079, de 30 de dezembro de 2004 (Brasil, 2004) – Concessões patrocinadas e concessões administrativas são PPPs, modalidade na qual o contrato deve ter duração entre 5 e 35 anos, não podendo ter como objetivo principal fornecimento de mão de obra, fornecimento e instalação de equipamentos ou execução de obras públicas. Com relação ao valor dos contratos, é necessário observar também a Lei n. 13.529, de 4 de dezembro 2017 (Brasil, 2017), que estabelece, em seu art. 6º, o mínimo dos contratos em 10 milhões de reais.
4. **Lei de Improbidade Administrativa** – Lei n. 8.429, de 2 de junho de 1992 (Brasil, 1992) – "Dispõe sobre as sanções aplicáveis aos agentes públicos nos casos de enriquecimento ilícito no exercício de mandato, cargo, emprego ou função na administração pública direta, indireta ou fundacional e dá outras providências" (Brasil, 1992). Essa lei é aplicável à gestão pública de modo geral, inclusive no âmbito da gestão de sistemas de transporte público.

## 3.6 *Plano Diretor*

Desde o Estatuto da Cidade, o Plano Diretor é entendido como um:

> conjunto de propostas para o futuro desenvolvimento socioeconômico e futura organização espacial dos usos do solo urbano, das redes de infraestrutura e de elementos fundamentais da estrutura urbana, para a cidade e para o município, propostas estas definidas para curto, médio e longo prazo, e aprovadas por lei municipal. (Villaça, 1999, p. 238)

O Plano Diretor "É uma lei municipal que deve ser revista pelo menos a cada dez anos e deve expressar a construção de um pacto social, econômico e territorial para o desenvolvimento urbano do município" (Brasil, 2015b, p. 19). Desde o Estatuto da Cidade, foi definido que o Plano Diretor deveria contemplar, no mínimo, a previsão de elaboração de um plano de transporte urbano integrado. Nesse sentido, conforme o Ministério das Cidades (Brasil, 2020b), o Plano Diretor é o principal instrumento para a efetivação das diretrizes e dos conceitos da PNMU, segundo a qual os planos deveriam observar alguns elementos-base para a concessão e a gestão do sistema de transporte coletivo, como:

+ serviços de transporte público coletivo;
+ infraestrutura do sistema de mobilidade;
+ integração dos modos de transporte;
+ mecanismos e instrumentos de financiamento do transporte coletivo e de infraestrutura para a mobilidade.

Conforme estabelecido pela PNMU, as cidades com mais de 20 mil habitantes e as demais incluídas na lista de obrigadas devem elaborar um Plano Diretor (no qual deve ser definido um plano setorial específico para a mobilidade urbana), ficando o recebimento de recursos financeiros para fins urbanísticos atrelados a essa atividade. O Plano Diretor agrupa uma série de planos setoriais (como defesa civil, desenvolvimento econômico, desenvolvimento social e saneamento), e essa centralização dos conteúdos permite uma maior articulação, favorecendo o desenvolvimento integrado da estrutura urbana.

Segundo a PNMU, a política de ocupação equilibrada da cidade de acordo com o Plano Diretor municipal nos âmbitos regional e metropolitano é uma das diretrizes para a regulação dos serviços de transporte público coletivo que devem orientar o Plano de Mobilidade Urbana. Além disso, este deve contemplar alguns itens, que, segundo o Ministério das Cidades (Brasil, 2020b), são básicos para a gestão dos sistemas de transporte público, quais sejam: serviços de transporte público; infraestrutura do sistema de mobilidade, incluindo ciclovias e ciclofaixas; integração dos modos de transporte; e mecanismos e sistemas de financiamento do transporte público coletivo e da estrutura urbana de mobilidade.

Independentemente do modelo adotado para a gestão, o conteúdo do Plano de Mobilidade Urbana deve orientar o trabalho realizado no município. Entretanto, destacamos que, para a elaboração de contrato de serviço em casos de concessão, os editais de licitação que precedem a contratação de operadoras devem ser formulados cuidadosamente em consonância com o estabelecido no Plano Setorial de Mobilidade, garantindo que, ao longo do tempo, o sistema de transporte público desenvolva-se de acordo com as metas propostas.

## Plano Setorial de Mobilidade Urbana: o exemplo curitibano

Observemos agora o exemplo da cidade de Curitiba, capital do Paraná. No ano de 2015, para se adequar à PNMU, a cidade realizou a revisão de seu Plano Diretor já existente, no qual se insere o Plano Setorial de Mobilidade Urbana. No Quadro 3.3, estão as seções nele contempladas.

Quadro 3.3 – Resumo do Plano Setorial de Mobilidade Urbana de Curitiba

| |
|---|
| Seção I – Dos instrumentos de gestão da mobilidade urbana e do sistema de transporte |
| Seção II – Do transporte público coletivo de passageiros |
| Promover e fortalecer a Rede Integrada de Transporte (RIT*); estabelecer critérios para os transportes estadual, interestadual e municipal; ordenar o sistema viário e priorizar o transporte público (TP) sobre o individual; adotar modais e tecnologia adequados à capacidade; buscar a universalização do TP coletivo visando às integrações física, operacional, tarifária e intermodal; articular as esferas governamentais a fim de objetivar a modicidade da tarifa; melhorar a Tecnologia da Informação e Comunicação (TIC) e o sistema de bilhetagem eletrônica; promover condições adequadas de acessibilidade a idosos e deficientes; viabilizar a integração temporal no TP; viabilizar estudo a fim de integrar o bilhete único aos estacionamentos coletivos; melhorar o conforto (térmico, ergonômico, segurança) nos terminais, nas estações e nos pontos de ônibus. Prioridade de operação hierárquica nas vias para ônibus da RIT. |
| Seção III – Dos sistemas viários, de circulação e trânsito |
| Seção IV – Da circulação não motorizada |
| Seção V – Da circulação de pedestres |
| Seção VI – Da circulação de bicicletas |

*(continua)*

♦ ♦ ♦

* A Rede Integrada de Transporte (RIT) permite o uso de mais de uma linha de ônibus com o pagamento de uma única tarifa. Em Curitiba, funciona baseada no sistema BRT (*Bus Rapid Transit*).

*(Quadro 3.3 – conclusão)*

| Seção VII – Do transporte de cargas |
|---|
| Seção VIII – Dos estacionamentos |

Fonte: Elaborado com base em Curitiba, 2015.

Destacamos o desdobramento do conteúdo da Seção II, que explicita os elementos diretamente relacionados ao transporte público coletivo de passageiros. Nessa seção, é possível constatar a observância de diversas orientações propostas na PNMU, como a universalização e a priorização do transporte coletivo e o ordenamento do sistema viário, entre outros.

### Consultando a legislação

BRASIL. Lei n. 12.587, de 3 de janeiro de 2012. **Diário Oficial da União**, Poder Legislativo, Brasília, DF, 4 jan. 2012. Disponível em: <http://www.planalto.gov.br/ccivil_03/_Ato2011-2014/2012/Lei/L12587.htm>. Acesso em: 9 set. 2020.

Para conhecer a PNMU, consulte na íntegra a Lei n. 12.587/2012.

## Síntese

Neste capítulo, discutimos sobre os marcos regulatórios que devem ser observados na gestão do transporte público urbano. A Constituição Federal delega à União o encargo de estabelecer diretrizes para o transporte público no Brasil. Compete ao município a tarefa de gerir o serviço, a qual pode ser realizada de forma direta ou por intermédio da iniciativa privada.

Com a finalidade de fazer cumprir o papel da União, o Estatuto da Cidade, promulgado em 2001, exige que todo município com mais de 20 mil habitantes elabore um Plano Diretor e que toda cidade com mais de 500 mil habitantes elabore um Plano de Transporte Urbano Integrado. O Estatuto da Cidade foi, nesse sentido, um avanço, por legislar sobre a necessidade de democratização nos processos de planejamento, execução e fiscalização dos serviços públicos.

Alguns anos mais tarde, em 2012, a PNMU estabeleceu o novo contingente de 20 mil habitantes como requisito e ampliou o entendimento do conteúdo do plano de transporte com o Plano Setorial de Mobilidade Urbana. A PNMU também reforçou a obrigatoriedade das licitações nos casos de concessão e de permissão, com o objetivo de dar lisura à concessão do serviço de transporte.

Encerramos o capítulo observando um recorte do Plano Setorial de Mobilidade Urbana da cidade de Curitiba, instrumento de execução da PNMU, no qual é possível constatar a utilização dos princípios e das diretrizes nela relacionados.

## Perguntas & respostas

1. Os princípios da PNMU contemplam a inclusão das pessoas socialmente mais vulneráveis? Por que isso é importante?

*Resposta: A inclusão universal, o desenvolvimento sustentável das cidades na dimensão socioeconômica, a equidade no acesso dos cidadãos ao transporte público coletivo e a gestão democrática da PNMU são princípios que visam à inclusão social. Por exemplo, a gestão democrática permite à população ter voz quanto ao estabelecimento das metas e das ações a serem executadas; o princípio da equidade, por sua vez, estabelece que todos os cidadãos, independentemente de sua condição social, possam desfrutar do transporte público. Esses princípios são importantes pois, para ter acesso às oportunidades disponíveis na cidade (como estudo, emprego e equipamentos públicos), e, consequentemente, à qualidade de vida, a população precisa ter a seu dispor condições adequadas de mobilidade e transporte.*

2. O fato de o governo federal ter atrelado os recursos financeiros para fins urbanísticos à existência de Plano Diretor e de mobilidade resulta em algum benefício para o município? Justifique sua resposta.

*Resposta: A exigência do governo, por meio do Estatuto da Cidade e da PNMU, fez os municípios realizarem um planejamento, contemplando metas e ações a serem alcançadas, garantindo destinação adequada aos recursos e evitando desperdícios. Além disso, o condicionamento da liberação de recursos à necessidade de atender aos princípios e às diretrizes das normas federais estabeleceu um referencial de qualidade a ser alcançado, com o qual se beneficia toda a população.*

## Questões para revisão

1. Qual é a relação que se pode estabelecer entre o Estatuto da Cidade, a Política Nacional de Mobilidade Urbana e o Plano Diretor?

2. Qual é a função do processo licitatório na concessão dos serviços públicos?

3. (IBFC – 2017 – Agerba) Tomando por base as disposições da Lei Federal n. 12.587/2012, de 03/01/2012, que institui as diretrizes da Política Nacional de Mobilidade Urbana, assinale a alternativa correta sobre as diretrizes para a regulação dos serviços de transporte público coletivo.

    a. A contratação dos serviços de transporte público coletivo será precedida de licitação e deverá observar como diretriz a alocação dos riscos econômicos e financeiros entre os contratados e o poder concedente.

b. A contratação dos serviços de transporte público coletivo dispensa prévia licitação e deverá observar como diretriz fixação de metas de qualidade e desempenho a serem atingidas e seus instrumentos de controle e avaliação.

c. A contratação dos serviços de transporte público coletivo dispensa prévia licitação e deverá observar como diretriz a definição dos incentivos e das penalidades aplicáveis vinculadas à consecução ou não das metas.

d. A contratação dos serviços de transporte público coletivo será precedida de licitação e deverá observar como diretriz a identificação de eventuais fontes de receitas alternativas, complementares, acessórias ou de projetos associados, proibida parcela destinada à modicidade tarifária.

e. A contratação dos serviços de transporte público coletivo dispensa prévia licitação e deverá observar como diretriz o estabelecimento das condições e meios para a prestação de informações operacionais, contábeis e financeiras ao poder concedente.

4. (Furb – 2019 – Prefeitura de Timbó/SC) À luz da legislação brasileira, assinale a alternativa correta sobre o Plano Diretor:

a. O Plano Diretor engloba somente a parte do território do Município definida pelo Poder Legislativo.

b. A lei que instituir o Plano Diretor deverá ser revista, pelo menos, a cada 15 anos.

c. O Plano Diretor é obrigatório para cidades com população superior a 45 mil habitantes.

d. Toda cidade com especial interesse turístico terá seu Plano Diretor monitorado pelo Ministério da Ciência, Tecnologia, Inovações e Comunicações.

e. O Plano Diretor, aprovado por lei municipal, é o instrumento básico da política de desenvolvimento e expansão urbana.

5. (IBFC – 2015 – Emdec) Assinale a alternativa **incorreta**. Das diretrizes para o planejamento e gestão dos sistemas de mobilidade urbana, faz parte das atribuições mínimas dos órgãos gestores dos entes federativos incumbidos respectivamente do planejamento e gestão do sistema de mobilidade urbana:

   a. Avaliar e fiscalizar os serviços e monitorar desempenhos, garantindo a consecução das metas de universalização e de qualidade.
   b. Admitir o transporte ilegal de passageiros.
   c. Implantar a política tarifária.
   d. Dispor sobre itinerários, frequências e padrão de qualidade dos serviços.

## Questões para reflexão

1. O que levou o governo federal a alterar o tamanho (de 500 mil para 20 mil habitantes) das cidades obrigadas por lei a realizar planos relacionados a transporte e mobilidade?

2. Que políticas públicas fundamentais para a qualidade de vida das populações têm pontos de contato com o transporte público?

✦ ✦ ✦

*capítulo quatro*

# *Gestão dos sistemas de transporte público*

## Conteúdos do capítulo

* Níveis de gestão e de planejamento.
* Planejamento, operação e fiscalização.
* Avaliação e monitoramento da Política Nacional de Mobilidade Urbana (PNMU).
* Estudos necessários para uma concessão.
* Estrutura tarifária e financiamento.

## Após o estudo deste capítulo, você será capaz de:

1. identificar os níveis de planejamento;
2. detalhar como se processa a gestão do transporte público municipal;
3. explicar como deve ser feito o monitoramento do serviço de transporte público;
4. determinar os estudos necessários das fases internas e externas da licitação;
5. aplicar o planejamento do sistema de transporte em seus diferentes níveis.

Antes de iniciar a discussão sobre o assunto deste capítulo, ressaltamos que é necessário ter em mente que, ao tratar de **gestão de sistemas de transporte público**, estamos trabalhando uma temática transversal a outros níveis de gestão, sendo o mais genérico o da gestão pública, seguido da gestão da mobilidade urbana. Mas como eles se relacionam?

A **gestão pública** está presente em todo o serviço público, podendo ser observada, por exemplo, no atendimento a medidas de regulação estabelecidas em processos licitatórios e em diretrizes gerais. A **gestão da mobilidade**, por sua vez, entra em pauta à medida que as questões de transporte deixam de ser vistas como algo isolado e passam a ser compreendidas como parte de um sistema mais abrangente, o **sistema de mobilidade urbana**. Não é possível realizar um planejamento adequado desconsiderando-se o contexto que o acompanha. Nesse sentido, a Política Nacional de Mobilidade Urbana (PNMU), principal norma reguladora a ser observada na elaboração do Plano Setorial de Mobilidade Urbana, é um instrumento de planejamento estratégico em nível local.

Finalmente, o tema mais específico, a **gestão do sistema de transporte público**, refere-se ao conjunto de atividades e de processos envolvidos, por exemplo, na definição do financiamento e do planejamento do sistema de transporte e do plano operacional. Trata-se de uma responsabilidade do Poder Público para entregar à população um serviço que atenda às legislações de âmbito federal e municipal.

> Essa gestão está focada principalmente no planejamento do transporte público coletivo e na comunicação com os usuários. De forma geral, o principal objetivo da gestão da totalidade do sistema de transporte público coletivo sob responsabilidade do órgão gestor consiste em garantir que as metas de atendimento e a sustentabilidade financeira do sistema sejam atingidas de forma a tornar o transporte público coletivo mais atrativo. (Brasil, 2019b, p. 141)

Nesse contexto, como se organizam os órgãos gestores do transporte público nas cidades? A resposta a essa questão depende principalmente do tamanho da cidade. Em geral, as grandes cidades apresentam uma **Secretaria Municipal de Transportes** (ou um órgão que englobe transportes), composta por departamentos que atendem a temas específicos, tal como o Departamento de Transporte Público. A cidade de São Paulo (São Paulo, 2020), por exemplo, tem uma Secretaria Municipal de Mobilidade e Transportes, a qual comporta o Departamento de Operação do Sistema Viário, o Departamento de Transporte Públicos, o Departamento de Administração e Finanças, a Companhia de Engenharia de Tráfego (CET*) e a São Paulo Transportes (SPTrans). Esta última é responsável pelo planejamento, pela programação e pela fiscalização, além do incentivo ao desenvolvimento tecnológico da frota do sistema de transporte urbano sobre pneus.

Gianolla (2014), ao discorrer sobre a estrutura mínima necessária para que um órgão gestor de transporte e mobilidade esteja apto a aplicar a PNMU, conclui que não existe uma estrutura ideal, fazendo-se necessário realizar ajustes condizentes com o tamanho e a capacidade orçamentária da cidade. Apesar disso, é fundamental uma Secretaria de Mobilidade Urbana, ou, no mínimo, uma diretoria ou coordenadoria específica para gerenciar e fiscalizar as ações na área. Em Sorocaba, no estado de São Paulo, por exemplo, existe uma empresa pública responsável pelo trânsito e pelo transporte do município: a Empresa de Desenvolvimento Urbano e Social de Sorocaba (Urbes).

Vale lembrar que a PNMU, conforme já abordamos, estabelece as atribuições do município: **planejar**, **executar** e **avaliar** a Política de Mobilidade Urbana, bem como **promover a regulamentação** dos

✦ ✦ ✦

* A Companhia de Engenharia de Tráfego (CET) é uma empresa de economia mista com capital majoritário da Prefeitura do Município de São Paulo. Foi criada em 1976, transformando-se em modelo de administração do trânsito, seguido por vários municípios do país (São Paulo, 2020).

serviços de transporte urbano. Essas atribuições são realizadas por intermédio de um órgão gestor responsável, em geral uma empresa pública que representa o município, como acontece com a Urbes, em Sorocaba.

## 4.1 Planejamento em três níveis

O planejamento é uma fase fundamental para a gestão, pois é quando são elaboradas as orientações para as demais fases do processo. Ele ocorre em vários níveis, podendo ser de três tipos:

1. **Planejamento estratégico** – Relacionado à visão de longo prazo dos objetivos, deve ser revisado periodicamente e contemplar metas e prazos.
2. **Planejamento tático** – Relacionado à visão de médio prazo dos objetivos, é mais limitado que o anterior. Contempla ações que criam condições para atingir as metas estabelecidas no nível estratégico.
3. **Planejamento operacional** – Relacionado à visão de curto prazo dos objetivos. É basicamente a execução das ações delimitadas no planejamento tático.

Assim, em sua incumbência de gerenciar o sistema de transporte público, o município precisa realizar o planejamento nos diferentes níveis. Ferraz e Torres (2004) ilustram essa definição fornecendo os seguintes exemplos:

> O **nível estratégico** trata da definição dos modos de transporte público coletivo que serão utilizados, da localização geral dos traçados das rotas e das estações e terminais, etc. O **nível tático** contempla a escolha do tipo de veículo,

> a definição dos itinerários das linhas, a seleção dos locais onde serão implantados as estações e os terminais, a definição do sistema de integração tarifária, etc. O **nível operacional** corresponde à programação da operação: número de coletivos a ser utilizado em cada linha nos diversos dias e períodos [...], etc. (Ferraz; Torres, 2004, p. 363-364, grifo nosso)

O município, ao desenvolver o Plano Setorial de Mobilidade Urbana, exercita o planejamento nos **níveis estratégico e tático**, estabelecendo metas e ações. Vale lembrar que a gestão de sistemas de transporte público é transversal a outros níveis de gestão. Isso acontece porque, quando o município delineia o plano, a questão do transporte público é tratada sob um enfoque mais abrangente de sistemas de mobilidade e desenvolvimento, integrado com outras políticas, como a de habitação.

Assim, o plano precisa ser compatível com os princípios e as diretrizes das políticas federal (como a PNMU) e municipal e as políticas de uso e de ocupação do solo, no âmbito local, uma vez que "O principal objetivo do planejamento do sistema de transporte público coletivo consiste em propor uma estrutura de serviços que garanta o atendimento dos princípios, diretrizes e metas das concessões e da mobilidade urbana de cada localidade" (Brasil, 2020b, p. 63).

Já no exercício da gestão do sistema de transporte público, o município desenvolve o planejamento em **níveis tático e operacional**. Na sequência, detalhamos como isso ocorre.

É no nível tático de planejamento da gestão de sistemas de transporte público que se definem os elementos que compõem a lista de atribuições mínimas do município. Essas atribuições, não delegáveis a empresa ou a particular, englobam, segundo a PNMU, itinerário, frequência e implantação de política tarifária, entre outros aspectos. No nível tático também se define como serão atendidas as metas estratégicas da PNMU, que envolvem "estabelecimento e publicidade de parâmetros de qualidade e quantidade na prestação dos serviços de transporte público coletivo" (Brasil, 2012), devendo obedecer às diretrizes de regulação para o transporte público previstas na legislação.

Já o nível operacional está presente, por exemplo, na definição da frota que será utilizada em cada linha para atender à frequência estabelecida no nível anterior. Você pode se perguntar neste momento: Planejamento em nível operacional é, então, uma função da concessionária?

Em primeiro lugar, não necessariamente haverá concessão, já que o município pode optar por realizar diretamente a operação. Em segundo lugar, o planejamento operacional pode estar relacionado às atribuições mínimas e intransferíveis do município, como a implementação da fiscalização. Em outras palavras, a operação/execução da fiscalização exige um planejamento em nível operacional para sua realização.

Embora aparentemente simples e por vezes subestimado, o conceito de planejamento é bastante complexo, uma vez que permeia diversos níveis de decisão. Nesse sentido, Coltro (2015) alerta:

> o planejamento é, muitas vezes, pouco relevante na concepção de alguns gestores ou mesmo ignorado por outros. Essas posturas de grande parte dos gestores denotam falta de conhecimento porque, apesar de os detalhes de planejamento necessários em um empreendimento variarem de tarefa para tarefa, ignorar essa atividade é se expor a insucessos, exceto se a pessoa puder contar com a sorte. (Coltro, 2015, p. 21)

A lição expressa nesse excerto é de que o planejamento do sistema de transportes precisa ser bem estruturado em todos os níveis (estratégico, tático e operacional), pois o gestor não deve "contar com a sorte" para alcançar os resultados esperados. A seguir, abordaremos a gestão do sistema de transporte público naquilo que concerne às atribuições do município.

## 4.2 Gestão em âmbito municipal

Por determinação da Constituição Federal, cabe ao município organizar e prestar, diretamente ou sob regime de concessão ou permissão, o transporte público. A PNMU, por sua vez, define que as atribuições do município com relação à política de mobilidade incluem planejar, executar e avaliar, além de regulamentar, o transporte urbano.

### Regulamentação

A regulamentação do transporte público consiste em um conjunto de medidas legais que regem a oferta do serviço. Sua função é estabelecer normas, como a definição de quem pode oferecer o serviço e as características que ele deve apresentar. Portanto, o transporte escolar particular na modalidade privada e os aplicativos de transporte (como Uber, Cabify e 99 Pop) na modalidade público individual estão incluídos nos serviços regulamentados em âmbito municipal.

### Diagnóstico do transporte público coletivo

O diagnóstico equivale à reunião de informações a fim de vislumbrar dada situação de forma que seja possível ao gestor desenvolver um planejamento condizente com a realidade. O material deve servir para orientar o planejamento, a gestão e a operação e alimentar o conteúdo do edital de licitações em caso de concessão ou de permissão, aspecto que assume fundamental importância no contexto brasileiro, posto que a grande maioria das cidades oferta o serviço de forma indireta.

E o que deve conter um diagnóstico? Nessa fase, são coletadas informações que permitam entender a estrutura já existente do transporte público e o contexto no qual ele está inserido. Nesse sentido, devem constar em seu texto averiguações sobre a quantidade de linhas em operação, suas frequências e seus itinerários, a conexão com o sistema de transporte público de cidades vizinhas, o levantamento socioeconômico dos usuários, a situação demográfica e as novas demandas.

De modo geral, todas essas informações são mais facilmente geridas e estudadas com o uso de um Sistema de Informações Geográficas (SIG) – ou, em inglês, Geographic Information System (GIS) –, que viabiliza análises espaciais*. O principal argumento para recomendação de uso de um SIG é a facilidade para identificar condições como: regiões com baixa cobertura de transporte público; proximidade e facilidade de realizar conexões multimodais; relação entre populações de vulnerabilidade social e acesso ao transporte público; e relação entre transporte e densidade demográfica. A Figura 4.1 ilustra a aplicação de SIG com esse objetivo.

✦ ✦ ✦

* A análise espacial é um conjunto de técnicas que requer o acesso tanto aos atributos, que são propriedades e valores medidos, quanto a sua posição geográfica, por meio de relações topológicas – relações de transformação de configurações geométricas em funções matemáticas para interpretação do computador –, que estabelecem a relação espacial existente entre cada feição geográfica, pontos, linhas e polígonos (Choi, 1993; Maguire, 1991).

*Figura 4.1 – Análise da cobertura de transporte em TransCAD*

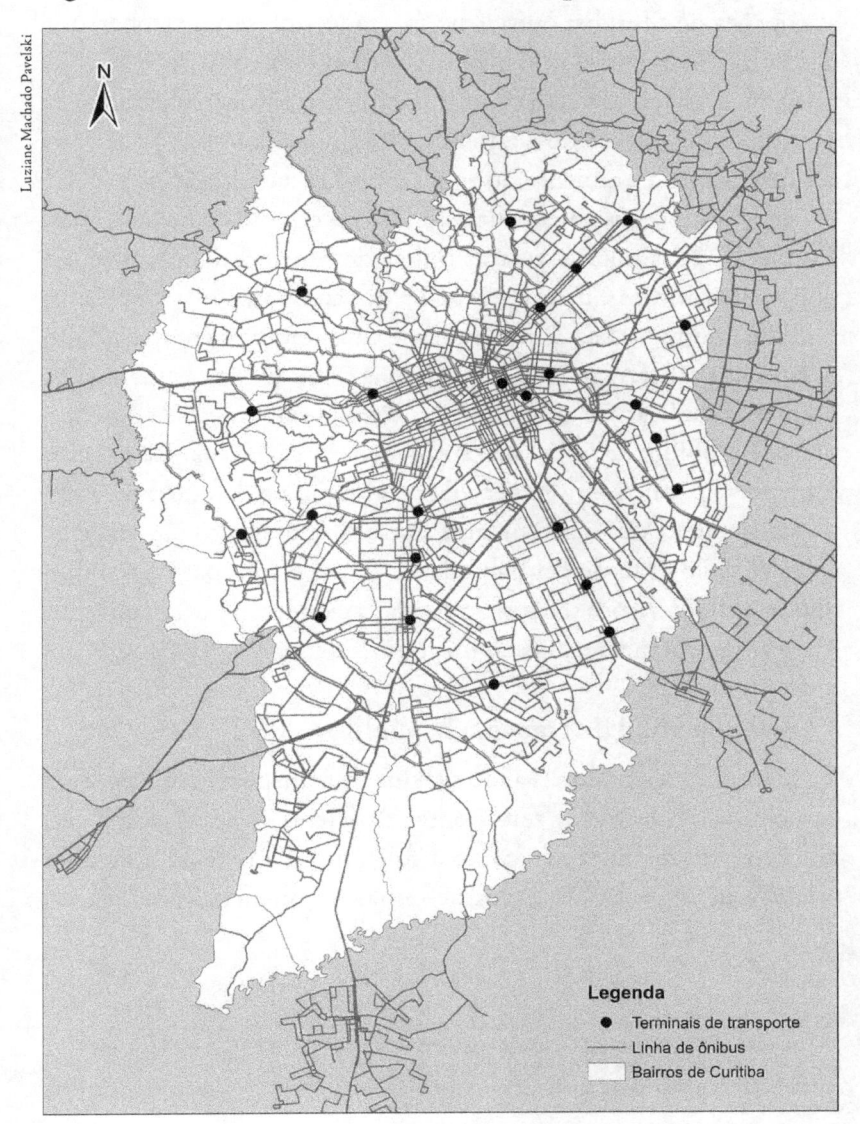

**Legenda**
● Terminais de transporte
— Linha de ônibus
▫ Bairros de Curitiba

A imagem produzida com o TransCAD*, uma dentre as diversas opções de SIG disponíveis no mercado, apresenta a cobertura das linhas de ônibus da cidade de Curitiba. Note que, com base na imagem, seria possível identificar locais com menor cobertura do serviço, o que, associado a outros dados que igualmente poderiam ser inseridos no ambiente do *software*, pode dar subsídios a análises mais complexas, como a necessidade de criação de novas linhas. Também é possível observar as linhas de transporte que ultrapassam o território de Curitiba e seguem por sua região metropolitana.

Esse exemplo é bastante simples se considerada a complexidade de usos que essa ferramenta oferece, mas é uma amostra igualmente prática das aplicações e das contribuições na elaboração de diagnósticos de mobilidade, inclusive para o que concerne aos sistemas de transporte público. A obtenção dos dados para o diagnóstico, independentemente dos instrumentos a serem empregados nas análises, exige elevado grau de confiabilidade, já que é com base neles que importantes decisões são tomadas para a cidade e para a população. A seguir, pormenorizamos alguns desses dados.

### Sistema atual de transporte público

Identificar a situação real do sistema de transporte público é fundamental para localizar seus pontos deficientes e os aspectos que precisam ser melhorados, como a cobertura da rede e a descontinuidade de trajetos. Os dados de linhas, frequência, itinerários e

♦ ♦ ♦

\* O **TransCAD** é um Sistema de Informações Geográficas para transporte (SIG-T) projetado para o uso de profissionais de transportes. Pode ser utilizado para elaboração e customização de mapas e inserção de conjuntos de dados geográficos que propiciem análises espaciais. Ele oferece todas as funções de um SIG tradicional, como compatibilidade com diferentes extensões de arquivos de dados geográficos e sobreposição de informações, entre outras funcionalidades (Geologística, 2020).

conexão com o sistema de transporte público das cidades vizinhas são informações que o órgão responsável pela gestão do sistema de transporte público deve manter atualizadas como fonte para essa modalidade de coleta.

**Levantamento socioeconômico**

Em países em desenvolvimento como o Brasil, dentre as dimensões dos sistemas de transporte (ambiental, econômica e social), a social precisa ser tratada com especial atenção. Isso se deve ao fato de que as cidades brasileiras apresentam, entre si, realidades muito diferentes. Nesse sentido, Portugal e Silva (2017, p. 43) afirmam que "a dimensão social corresponde, especialmente, aos objetivos ligados à satisfação das necessidades humanas, à melhoria da qualidade de vida e à justiça social. [...] população, trabalho e rendimentos, saúde, educação, habitação e segurança".

Existem diversos índices que podem ser aplicados na análise de dados socioeconômicos:

+ **Índice de Bem-Estar Urbano (Ibeu)** – Elaborado pelo Observatório das Metrópoles (2020).
+ **Índice de Exclusão Social (IES)** (Pochmann; Amorim, 2003) e **Índice de Desenvolvimento Humano Municipal (IDHM)**, ambos criados pelo Programa das Nações Unidas para o Desenvolvimento (Pnud Brasil, 2020).
+ **Índice de Vulnerabilidade Social (IVS)** – Criado pelo Instituto de Pesquisa Econômica Aplicada (Ipea, 2020b).

Atualmente, dentre as opções disponíveis, o IVS é o mais indicado. O Ipea, por meio da desagregação de dados da Pesquisa Nacional por Amostra de Domicílios (Pnad), produz o *Atlas da vulnerabilidade social nos municípios e regiões metropolitanas brasileiras* (ADH), que permite a consulta de uma variedade de dados.

O IVS é resultado da seleção de 16 indicadores, obtidos na plataforma ADH e organizados em 3 dimensões (Ipea, 2020b):

1. infraestrutura urbana do território (município, região, estado ou Unidade de Desenvolvimento Humano);
2. capital humano dos domicílios do território;
3. renda.

O uso do IVS é atrativo porque ele permite a consulta de dados por meio de Unidades de Desenvolvimento Urbano (UDH), recortes territoriais localizados nas áreas metropolitanas que podem constituir, por exemplo, uma parte de um bairro ou um bairro completo, delimitando áreas de características homogêneas. Vale destacar que, na realidade brasileira, na qual, em um mesmo bairro, muitas vezes convivem lado a lado pessoas com condições financeiras tão diferentes, fazer análises com base em características como a renda média aplicada a uma divisão meramente territorial potencialmente maquia a realidade. Por isso, usar um índice como esse, capaz de delimitar áreas homogêneas por suas características iguais, e não com base em território, é mais eficaz e permite retratar a realidade de maneira mais coerente. Observe, então, no Mapa 4.1 a diferença da divisão da cidade de Curitiba por áreas homogêneas do IVS em comparação com as áreas definidas por bairros.

*Mapa 4.1 – Divisão por áreas homogêneas do IVS × divisão por bairros de Curitiba*

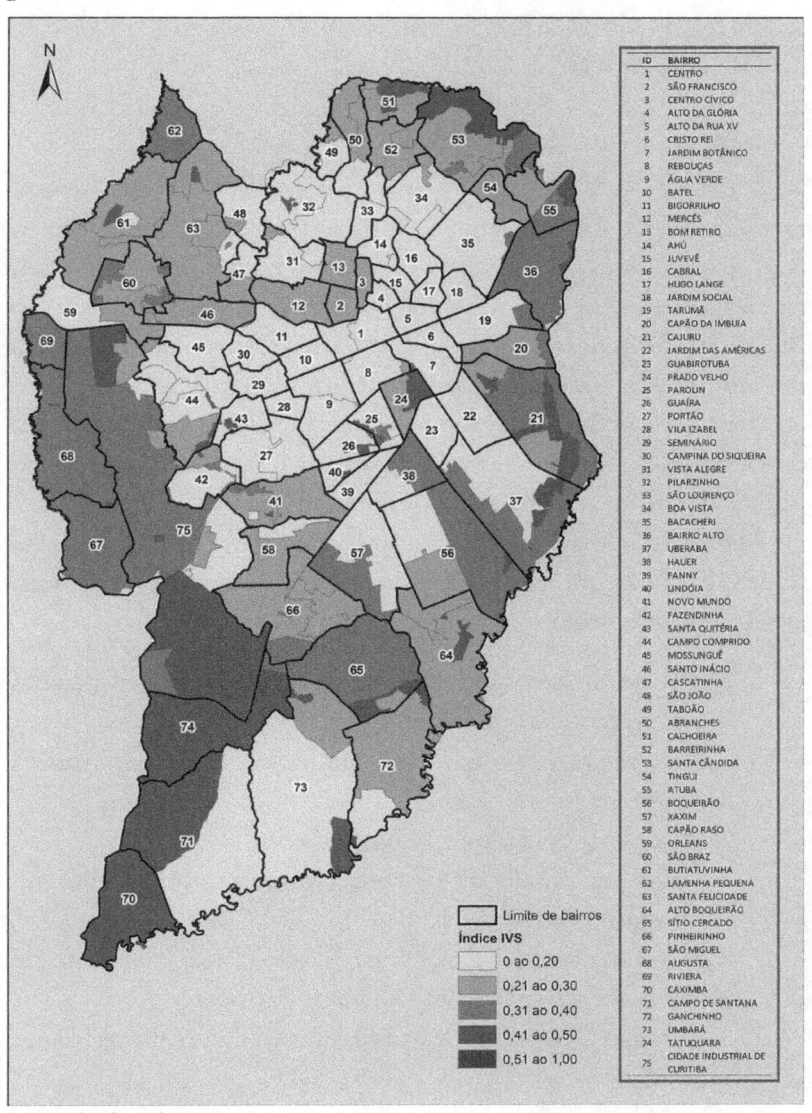

| ID | BAIRRO |
|---|---|
| 1 | CENTRO |
| 2 | SÃO FRANCISCO |
| 3 | CENTRO CÍVICO |
| 4 | ALTO DA GLÓRIA |
| 5 | ALTO DA RUA XV |
| 6 | CRISTO REI |
| 7 | JARDIM BOTÂNICO |
| 8 | REBOUÇAS |
| 9 | ÁGUA VERDE |
| 10 | BATEL |
| 11 | BIGORRILHO |
| 12 | MERCÊS |
| 13 | BOM RETIRO |
| 14 | AHÚ |
| 15 | JUVEVÊ |
| 16 | CABRAL |
| 17 | HUGO LANGE |
| 18 | JARDIM SOCIAL |
| 19 | TARUMÃ |
| 20 | CAPÃO DA IMBUIA |
| 21 | CAJURU |
| 22 | JARDIM DAS AMÉRICAS |
| 23 | GUABIROTUBA |
| 24 | PRADO VELHO |
| 25 | PAROLIN |
| 26 | GUAÍRA |
| 27 | PORTÃO |
| 28 | VILA IZABEL |
| 29 | SEMINÁRIO |
| 30 | CAMPINA DO SIQUEIRA |
| 31 | VISTA ALEGRE |
| 32 | PILARZINHO |
| 33 | SÃO LOURENÇO |
| 34 | BOA VISTA |
| 35 | BACACHERI |
| 36 | BAIRRO ALTO |
| 37 | UBERABA |
| 38 | HAUER |
| 39 | FANNY |
| 40 | LINDÓIA |
| 41 | NOVO MUNDO |
| 42 | FAZENDINHA |
| 43 | SANTA QUITÉRIA |
| 44 | CAMPO COMPRIDO |
| 45 | MOSSUNGUÊ |
| 46 | SANTO INÁCIO |
| 47 | CASCATINHA |
| 48 | SÃO JOÃO |
| 49 | TABOÃO |
| 50 | ABRANCHES |
| 51 | CACHOEIRA |
| 52 | BARREIRINHA |
| 53 | SANTA CÂNDIDA |
| 54 | TINGUI |
| 55 | ATUBA |
| 56 | BOQUEIRÃO |
| 57 | XAXIM |
| 58 | CAPÃO RASO |
| 59 | ORLEANS |
| 60 | SÃO BRAZ |
| 61 | BUTIATUVINHA |
| 62 | LAMENHA PEQUENA |
| 63 | SANTA FELICIDADE |
| 64 | ALTO BOQUEIRÃO |
| 65 | SÍTIO CERCADO |
| 66 | PINHEIRINHO |
| 67 | SÃO MIGUEL |
| 68 | AUGUSTA |
| 69 | RIVIERA |
| 70 | CAXIMBA |
| 71 | CAMPO DE SANTANA |
| 72 | GANCHINHO |
| 73 | UMBARÁ |
| 74 | TATUQUARA |
| 75 | CIDADE INDUSTRIAL DE CURITIBA |

Limite de bairros
Índice IVS
- 0 ao 0,20
- 0,21 ao 0,30
- 0,31 ao 0,40
- 0,41 ao 0,50
- 0,51 ao 1,00

Fonte: Elaborado com base em Ipea, 2020a.

O índice IVS deve ser lido conforme as faixas de vulnerabilidade com amplitude de 0 a 1, em que 0 significa muito baixa vulnerabilidade (resultado positivo) e 1 significa muito alta vulnerabilidade (resultado negativo).

### Levantamento demográfico

A cidade, tal e qual um organismo vivo, está em permanente transformação. Dessa maneira, constantemente nos deparamos com o surgimento de ocupações, planejadas ou não, que modificam a paisagem e criam demanda por transporte público. O Instituto Brasileiro de Geografia e Estatística (IBGE) disponibiliza dados dos municípios brasileiros que mostram a população por bairro e a densidade de habitantes por hectare (hab/ha), os quais permitem verificar a concentração de habitantes e o nível de adensamento populacional em cada bairro (IBGE, 2020).

Além das análises apresentadas, devem ainda ser respondidas, na realização de um diagnóstico do sistema de transporte público, as seguintes questões:

- Qual é a divisão modal? (A resposta pode ser obtida com base em pesquisa de origem/destino)
- Quais são a quantidade e a qualidade da infraestrutura disponível?
- Existe conectividade entre os modais?
- Qual é a qualidade do sistema? (Resposta obtida por meio de pesquisa com o usuário)
- Qual é a capacidade das vias? (Dado obtido por meio de estudos de tráfego, contagem volumétrica etc.)
- Quais são as capacidades administrativa e orçamentária do município?
- O município tem secretaria de trânsito? Qual é sua estrutura?
- O município dispõe de pessoal capacitado?
- Quais são as demandas que os usuários apresentam?

Embora todas as informações sejam necessárias para a análise dos dados, algumas podem não estar disponíveis, como a divisão modal, que envolve uma pesquisa de elevado custo (com o qual nem todo município poderá arcar).

## Planejamento

Com base nas informações obtidas na fase anterior (diagnóstico), o órgão responsável pela gestão do sistema de transportes pode elaborar um plano para o sistema de transporte público que atenda às demandas identificadas. Segundo o Ministério das Cidades, o plano deve atender à "necessidade de toda a população, seja reforçando a oferta de veículos em linhas existentes, seja criando novas linhas em áreas anteriormente não atendidas ou, ainda, concebendo áreas para terminais de integração entre linhas alimentadoras e troncais, se o conceito adotado for esse" (Brasil, 2020b, p. 202).

O planejamento consiste em delinear um sistema compatível com os princípios e as diretrizes das esferas responsáveis, como a PNMU, no âmbito federal, e o Plano Diretor, no âmbito municipal. Trata-se de incumbência do órgão gestor responsável que representa o município, e engloba as seguintes atividades: determinação de metas, plano operacional, política tarifária e equilíbrio do sistema (Quadro 4.1).

Quadro 4.1 – Atividades da gestão pública

| Atividade | Descrição |
|---|---|
| Determinar metas | Determinar metas com relação à prestação de serviço; tem por objetivo garantir a qualidade planejada pela gestão, por exemplo, cobertura da rede, nível máximo de ocupação dos veículos e modicidade da tarifa. |
| Elaborar o plano operacional | Deve atender a metas determinadas a fim de estimular a eficiência e a eficácia dos serviços. As metas variam de cidade para cidade e englobam aspectos de frequência dos veículos, nível de ocupação, confiabilidade, redução dos tempos de deslocamento, modicidade tarifária, conveniência, conforto, cobertura da rede e acessibilidade. |

(continua)

(Quadro 4.1 – conclusão)

| Atividade | Descrição |
|---|---|
| Determinar diretrizes da política tarifária | O sistema deve ser financeiramente atrativo ao usuário, e a arrecadação da tarifa deve ser compatibilizada, sempre que possível, com a tarifa de remuneração (valor pago à empresa operadora). |
| Avaliar o equilíbrio do sistema | Trata do equilíbrio econômico e financeiro do sistema de transporte público a longo prazo, prevenindo alterações que podem ocorrer, por exemplo, com relação à demanda. |

Fonte: Elaborado com base em Brasil, 2020b.

É importante ressaltar, que, segundo o art. 15 da PNMU,

> Art. 15. **A participação da sociedade civil no planejamento, fiscalização e avaliação** da Política Nacional de Mobilidade Urbana deverá ser assegurada pelos seguintes instrumentos:
>
> I – órgãos colegiados com a participação de representantes do Poder Executivo, da sociedade civil e dos operadores dos serviços;
>
> II – ouvidorias nas instituições responsáveis pela gestão do Sistema Nacional de Mobilidade Urbana ou nos órgãos com atribuições análogas;
>
> III – audiências e consultas públicas; e
>
> IV – procedimentos sistemáticos de comunicação, de avaliação da satisfação dos cidadãos e dos usuários e de prestação de contas públicas. (Brasil, 2012, grifo nosso)

Ficam bem identificados na lei os meios pelos quais o princípio de **gestão democrática**, o controle social do planejamento e a avaliação da PNMU devem ser atendidos.

## Operação

A operação refere-se basicamente à prestação do serviço, podendo ser realizada de forma direta ou indireta (por concessão ou permissão). Assim, dependendo da escolha do município, pode contemplar tarefas próprias ou delegadas, e a empresa operadora pode ser pública, privada ou mista, conforme o modelo de gestão adotado.

Além disso, a operação envolve executar o que foi planejado no nível tático, como conduzir veículos nos horários pré-fixados pelo trajeto e pelas estações de parada planejados. Contudo, a execução dessa tarefa exige a realização de um conjunto bem mais amplo de atividades que corroboram seu funcionamento, as quais podem ser agrupadas em três segmentos: (1) de administração, (2) de manutenção e (3) de operação. Com base em Ferraz e Torres (2004) e na PNMU (Brasil, 2012), elas podem ser assim definidas:

- **Atividades de administração** – Recursos humanos (contratação e demissão de funcionários), folha de pagamento, contabilidade, compras e controle do patrimônio, entre outras.
- **Atividades de manutenção** – Manutenção corretiva (consertos) e manutenção preventiva dos veículos, envolvendo revisões periódicas, abastecimento, lubrificação e limpeza.
- **Atividades de operação** – Condução dos veículos pelo itinerário preestabelecido, alocação de veículos às linhas e cobrança de passagens. Anteriormente à PNMU, nesse campo também se inseriam a fiscalização e o controle de tráfego; entretanto, com a promulgação da lei, ficou estabelecido que tarefa de fiscalização é competência intransferível do município.

Além da **fiscalização**, o município não pode delegar à administração privada as funções de **planejamento** e de **controle** (que se trata basicamente de gerenciar em nível tático as diretrizes e a execução do serviço transferido para a iniciativa privada).

## Fiscalização

Trata-se de tarefa intransferível do município, realizada pelo órgão gestor responsável, e tem por finalidade verificar o atendimento das metas de desempenho e a qualidade do transporte público, sendo especialmente importante na gestão indireta, na qual uma empresa privada realiza a operação. Nesse caso,

> A principal vantagem da empresa privada é a eficiência. No entanto, como a atenção das empresas privadas é centrada, sobretudo, no resultado econômico do serviço (maximização do lucro), é necessário que o governo estabeleça regras e normas de operação e **fiscalize** o cumprimento das mesmas, a fim de garantir a oferta de um serviço de boa qualidade com uma tarifa que gere rentabilidade do capital das empresas operadoras dentro dos padrões normais do mercado para investimento de longo prazo livre de risco. (Ferraz; Torres, 2004, p. 369, grifo nosso)

Cabe lembrar que a fiscalização é um direito que foi estendido ao usuário pela Lei n. 12.587, de 3 de janeiro de 2012 (Brasil, 2012). Em uma perspectiva mais abrangente, ela subsidia dados para o monitoramento das metas estabelecidas na PNMU, podendo dividir-se em dois grupos: (1) fiscalização de frota e (2) fiscalização de operação.

A **fiscalização de frota** refere-se às características e à qualidade dos veículos usados. Um exemplo é o caso de concessão, em que é estabelecido em contrato que ao menos 50% da frota deve utilizar fontes alternativas ao *diesel* como combustível ou que os veículos devem possuir plataforma de embarque para cadeirantes. A fiscalização, nesse caso, trata-se de um conjunto de checagens relacionadas ao cumprimento de parâmetros estabelecidos no contrato.

Já na **fiscalização da operação**, verificam-se dados como o cumprimento das frequências (intervalo de passagem entre veículos de uma mesma linha em um mesmo ponto), higiene, segurança e caraterísticas do veículo, entre outros. O não atendimento implica sanções, sendo a "definição dos incentivos e das penalidades aplicáveis vinculadas à consecução ou não das metas" (Brasil, 2012) e de responsabilidade do município, que pode recorrer até mesmo ao cancelamento de contrato, se estiver prevista essa penalidade, em virtude da gravidade.

## 4.3 *Avaliação e monitoramento*

É requisito da gestão de sistemas de mobilidade urbana formular e implantar mecanismos de monitoramento e de avaliação sistemáticos que funcionem de modo permanente. Também devem ser definidas metas de atendimento e universalização da oferta de transporte público coletivo, monitoradas por indicadores preestabelecidos.

Nesse sentido, a Secretaria Nacional de Mobilidade Urbana (Semob) desenvolveu o documento *Indicadores para monitoramento e avaliação da efetividade da Política Nacional de Mobilidade Urbana*. Segundo a Semob (Brasil, 2018c), seus eixos temáticos são:

- **Qualidade do sistema de mobilidade urbana** – Pode ser identificada por meio de índices de desempenho operacional; de nível de satisfação dos usuários; de quantificação percentual dos pontos que fornecem dados sobre itinerários,

horários, tarifa, integração e mapa de modos; e de percentual da população que gasta uma hora ou mais nos deslocamentos casa-trabalho (valor total e por faixa de renda).
+ **Desenvolvimento urbano integrado** – Percentual de equipamentos públicos, universidades públicas e habitações de interesse social nas proximidades de estações de transporte de média e de alta capacidade; índice de distribuição da população em relação a empregos; e percentual da população vivendo próximo a terminais ou a estações de transporte de média e de alta capacidade (por faixa de renda).
+ **Sustentabilidade econômica e financeira** – Percentual de receita extratarifária do sistema de transporte coletivo por ônibus.
+ **Gestão democrática e controle social** – Índice de transparência; e índice de participação social.
+ **Acesso e equidade** – Evolução do número de passageiros de transporte público no tempo; percentual da população que habita próximo a pontos de embarque de transporte público coletivo; peso do custo de transporte público na renda média; percentual de pontos de trabalho próximos a terminais e a estações de transporte de média e de alta capacidade; razão entre o número médio de viagens por modos dos moradores de domicílios mais ricos em relação aos mais pobres; divisão modal; tempo médio de viagem desagregado por modo de transporte; e número de viagens de pessoas com deficiência em comparação ao número de viagens *per capita*.
+ **Sustentabilidade ambiental** – Percentual de combustíveis renováveis; emissão de gases geradores de efeito estufa; emissão de gases poluentes *per capita*; percentual de dias com boa qualidade do ar; número de viagens feitas por transporte coletivo comparado ao individual; e população exposta ao ruído de tráfego.

- **Acidentes de transporte** – Número de mortos em acidentes de trânsito por 100 mil habitantes (total e por modo de deslocamento); número de feridos hospitalizados em acidentes de trânsito por 100 mil habitantes (total e por modo de deslocamento); gasto com internações de feridos hospitalizados no Sistema Único de Saúde (SUS) em razão de acidentes de trânsito por 100 mil habitantes; e gasto total com indenizações (mortes e invalidez) pagas pelo seguro DPVAT*.

A utilização dos indicadores e do monitoramento tem por função traçar um panorama da mobilidade urbana no país e identificar se o que está proposto na PNMU em prol de melhorias para a qualidade de vida das populações nos centros urbanos foi atingido. Cabe destacar que a Medida Provisória n. 904, de 11 de novembro de 2019 (Brasil, 2019a), determinou o fim do DPVAT a partir do início do ano de 2020. Apesar disso, logo em seguida, a Ação Direta de Inconstitucionalidade n. 6262, de 13 de dezembro de 2019 (Brasil, 2019b), suspendeu os efeitos da medida, que se encontra em tramitação no Congresso Nacional.

Atualmente existem diversos mecanismos (alguns bem atuais, outros mais antigos, mas muito eficazes) de fiscalização que podem ser utilizados com a finalidade de reunir dados para o monitoramento. Por exemplo, uso de sistema de bilhetagem eletrônica, sistema de posicionamento global (GPS) embarcado no veículo e equipamentos de medição de emissão de gases.

Trataremos de alguns desses mecanismos mais adiante, quando abordarmos o incremento tecnológico na gestão de sistemas de transporte público. Outras fontes que podem fornecer esse tipo

---

\* O seguro DPVAT (Danos Pessoais Causados por Veículos Automotores de Vias Terrestres) é pago em casos de morte, invalidez permanente e reembolso de despesas médicas suplementares, e atua como instrumento de proteção social, oferecendo cobertura para vítimas de acidentes de trânsito no território nacional (Seguradora Líder, 2020).

de informação são os dados públicos, diretamente ou por pesquisa realizada pelo município, entre eles:

- pesquisa de origem/destino (realizada pelo município);
- dados disponibilizados pela seguradora* responsável pelos pagamentos do DPVAT no Brasil;
- censo demográfico decenal do IBGE;
- pesquisa Nacional por Amostra de Domicílios (Pnad), que contém informações sobre o tempo de deslocamento de casa ao trabalho.

Há, ainda, outras fontes que podem ser utilizadas, contanto que tenham procedência que lhes atribua confiabilidade, a fim de garantir resultados e avaliações corretos. Note que os indicadores não são todos indiscriminadamente aplicáveis a toda cidade. Assim como a capacidade dos modais escolhidos para compor um sistema de transporte, a escolha dos indicadores precisa levar em conta o porte e as características do meio em que será utilizado. O objetivo do monitoramento é produzir informações que permitam observar a evolução do alcance das metas do Plano de Mobilidade Urbana, que reproduzem as diretrizes, os princípios e os objetivos propostos na lei.

## 4.4 Concessão

No Brasil, segundo o Ministério das Cidades (Brasil, 2020b), a maior parte dos municípios adota a concessão para atender a sua

+ + +

* A seguradora responsável pelo pagamento do DPVAT no Brasil atualmente é a Seguradora Líder, que disponibiliza ciclicamente dados sobre acidentes, incluindo o perfil de motoristas e acidentados, os resultados produzidos (invalidez permanente, acidentes com morte e indenizações de vítimas) entre outras informações.

atribuição de prestar serviço de transporte público coletivo urbano. É por esse motivo que, ao tratarmos de gestão de sistemas de transportes públicos, os processos de concessão estão tão presentes, de forma que, ao tentarmos imaginá-la como um "manual" mais genérico e aplicável ao maior número de municípios possíveis, teríamos enraizadas no cerne da estrutura as concessões.

A PNMU determina, em seu art. 10, que a contratação dos serviços de transporte público coletivo deve ser feita mediante licitação e que deverão ser observadas as seguintes diretrizes:

> Art. 10. [...]
>
> I – fixação de metas de qualidade e desempenho a serem atingidas e seus instrumentos de controle e avaliação;
>
> II – definição dos incentivos e das penalidades aplicáveis vinculadas à consecução ou não das metas;
>
> III – alocação dos riscos econômicos e financeiros entre os contratados e o poder concedente;
>
> IV – estabelecimento das condições e meios para a prestação de informações operacionais, contábeis e financeiras ao poder concedente; e
>
> V – identificação de eventuais fontes de receitas alternativas, complementares, acessórias ou de projetos associados, bem como da parcela destinada à modicidade tarifária. (Brasil, 2012)

Na sequência, comentaremos os estudos iniciais, anteriores à licitação, cuja qualidade pode ser determinante para o sucesso do serviço de operação de transporte público (subproduto do planejamento) oferecido à população.

## Estudos iniciais

Trata-se do conjunto de informações necessárias para delinear o perfil do serviço que a Administração Pública deseja contratar por meio de concessão ou de permissão e delega responsabilidades sobre riscos para o concessionário ou o permissionário. Devem conter **projeto básico, definição de responsabilidades, licenças ambientais e financiamento.** A Figura 4.2 apresenta a estrutura fundamental desses estudos.

*Figura 4.2 – Conteúdo fundamental dos estudos iniciais*

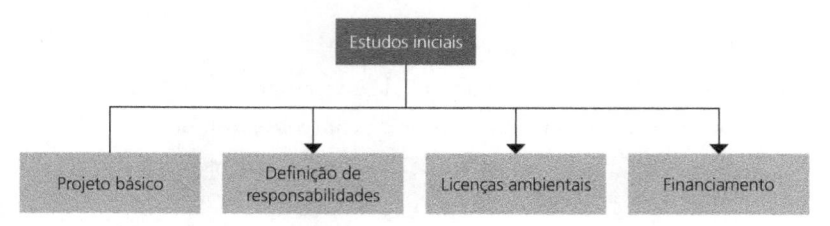

```
                    Estudos iniciais
    ┌──────────────┬──────────────┬──────────────┐
Projeto básico  Definição de   Licenças      Financiamento
                responsabilidades ambientais
```

Na sequência, detalharemos cada um desses elementos.

### Projeto básico

Segundo o Ministério das Cidades (Brasil, 2020b), não há definição jurídica oficial e universal do exato conteúdo do projeto básico. Entretanto, como seu objetivo é reunir informações necessárias para que as empresas interessadas na concessão do serviço de transporte público elaborem suas propostas, normalmente inclui modelagem financeira. Segundo a Lei de Licitações – Lei n. 8.666, de 21 de junho de 1993 –, o projeto básico é definido como o

> conjunto de elementos necessários e suficientes, com nível de precisão adequado, para caracterizar a obra ou serviço, ou complexo de obras ou serviços objeto da licitação, elaborado com base nas indicações dos estudos

> técnicos preliminares, que assegurem a viabilidade técnica e o adequado tratamento do impacto ambiental do empreendimento, e que possibilite a avaliação do custo da obra e a definição dos métodos e do prazo de execução [...]. (Brasil, 1993)

No projeto básico, ainda segundo a Lei de Licitações, devem constar informações do sistema de transporte que a gestão pública pretende estabelecer no futuro, levando em consideração as diretrizes das legislações brasileiras. Nesse sentido, o Ministério das Cidades (Brasil, 2020b) aponta que devem compor o projeto básico: a caracterização socioeconômica e do sistema de transporte público coletivo, a definição dos lotes, o plano operacional e a especificação da frota e da garagem, além dos sistemas de bilhetagem e monitoramento. O diagnóstico previamente realizado serve para subsidiar os dados do projeto básico, devendo ser amplamente explorado. No Quadro 4.2, estão descritos os itens indispensáveis para a elaboração do projeto básico.

*Quadro 4.2 – Conteúdo do projeto básico*

| Itens que devem constar no projeto básico | Descrição |
|---|---|
| Caracterização socioeconômica | Configuração do sistema existente na área de estudo e compreensão da dinâmica dos deslocamentos da população. |
| Definição dos lotes | Divisão do território em áreas que facilitem a gestão do sistema de transporte, bastante relevante principalmente em regiões que demandam recurso financeiro diferenciado. |
| Plano operacional | Dimensionamento de cada lote que será concedido; inclui dados como itinerário, demanda, extensão da linha, frequência e frota necessária. |

*(continua)*

(Quadro 4.2 – conclusão)

| Itens que devem constar no projeto básico | Descrição |
|---|---|
| Especificação de frota e da garagem | Condições de armazenamento dos veículos e de distância da garagem até o primeiro ponto de embarque e desembarque de passageiros para que cumpram horários, idade média e máxima, capacidade, tecnologia do combustível; enfim, o máximo de determinações para que não haja divergência após a concessão da Administração Pública à contratada. |
| Sistema de bilhetagem e monitoramento / ITS* | Previsão de equipamentos a serem instalados nos veículos e nos centros de controle para o monitoramento tecnológico da operação. |

Fonte: Elaborado com base em Brasil, 2020b.

## Delegação de responsabilidades

Para alcançar a maior transparência possível no processo de concessão, é fundamental definir os direitos e os deveres de cada uma das partes (contratante e contratada), ou seja, delegar responsabilidades. Nesse sentido, o Ministério das Cidades (Brasil, 2020b) cita a necessidade de se estabelecerem os critérios de remuneração pela prestação de serviço, os parâmetros de qualidade, o nível de serviço desejado e as atribuições do órgão gestor e operador, garantindo o equilíbrio econômico-financeiro da operação. Portanto, no edital de licitação devem constar os riscos que motivam a revisão e o reajuste da tarifa, como variação da frota em razão do aumento da demanda, variações das taxas de câmbio e alterações na estrutura tributária, entre outros motivos.

Os fatores causadores dos riscos são basicamente financeiros: demanda, oferta, custos operacionais, greves e fatos da Administração Pública. De modo geral, quanto maior é a responsabilidade alocada

✦ ✦ ✦

* Inteligent Transport System (ITS).

sobre a concessionária, maior é o risco que ela assume e maior tende a ser a rentabilidade exigida. Como sugestão de boa prática* de gestão, o Ministério das Cidades (Brasil, 2020b) sugere o uso da matriz de riscos. No Quadro 4.3, é feito um recorte da matriz de risco do edital de licitação da operação do sistema de transporte da cidade de Blumenau, em Santa Catarina.

*Quadro 4.3 – Recorte da matriz de risco do transporte da cidade de Blumenau/SC*

| # | Descrição do risco | Tipo de risco * | Atribuição do risco | |
|---|---|---|---|---|
| | | | Concessionária | Concessão/ Município |
| 1 | Alterações (criação, extinção, aumento ou diminuição de alíquotas) tributárias ou de encargos legais sobre o serviço de transporte público de ônibus. | Tributário | | X |
| 2 | Cumprimento da legislação vigente e adimplemento das obrigações fiscais, tributárias, trabalhistas e previdenciárias. | Tributário | X | |
| 3 | Tumultos e comoções sociais (greves, ocupações), salvo em caso de greve de funcionários da Concessionária julgada legal [...]. | Social | | X |
| [...] | [...] | [...] | [...] | [...] |

Fonte: Blumenau, 2016, p. 2-5.

❖ ❖ ❖

* *Boa prática* é o termo que designa a forma de realizar determinada tarefa usando um método amplamente testado com sucesso.

### Licenças ambientais

O transporte público, por ser um potencial emissor de gases poluentes, apesar de menos danoso do que o transporte motorizado privado, muitas vezes requer licença ambiental. O Conselho Nacional do Meio Ambiente (Conama), por meio da Resolução n. 237, de 19 de dezembro de 1997 (Brasil, 1997), e a Lei Complementar n. 140, de 8 de dezembro de 2011 (Brasil, 2011) instituíram o **sistema trifásico do licenciamento ambiental**, composto de licença prévia, licença de instalação e licença de operação. O órgão competente pode exigir estudos pertinentes, como o *Estudo de impacto ambiental e relatório de meio ambiente* (EIA/Rima), a *Avaliação socioambiental* (ASA) e o *Estudo de impacto de vizinhança* (EIV), os quais podem variar conforme o local e suas características. Os prazos também são definidos de acordo com a categoria de estudo exigido.

### Financiamento

O art. 9º da PNMU (Brasil, 2012) determina que os regimes econômico e financeiro da concessão e da permissão do serviço de transporte público coletivo devem ser estabelecidos no edital de licitação. A PNMU também define que a tarifa de remuneração da prestação do serviço de transporte público coletivo deve ser constituída pelo preço público cobrado do usuário pelos serviços acrescida da receita de outras fontes de custeio, de forma a cobrir os reais custos do serviço prestado por operador público ou privado, além da remuneração do prestador. Por causa de sua importância, retomaremos esse tópico em seção específica.

## Licitação: fases interna e externa

Conforme a Lei n. 8.666/1993, que institui normas para licitações e contratos, "obras, serviços, inclusive de publicidade, compras, alienações, concessões, permissões e locações da Administração Pública, quando contratadas com terceiros, serão necessariamente precedidas de licitação" (Brasil, 1993). O processo licitatório tem a finalidade de dar transparência a toda contratação efetivada pelo Poder Público. Assim, devem ser respeitados os princípios previstos na lei quanto à legalidade, à impessoalidade, à moralidade, à igualdade, à publicidade, à probidade administrativa, à vinculação ao instrumento convocatório, ao julgamento objetivo e aos critérios que lhes são correlatos.

No que tange aos serviços de transporte público, a PNMU reforça a necessidade de que a contratação seja precedida de licitação. A lei estipula ainda que os regimes econômico e financeiro da concessão e da permissão do serviço de transporte público coletivo devem ser estabelecidos no respectivo edital de licitação. Segundo o Ministério das Cidades (Brasil, 2020b), a licitação pode ser dividida em duas fases, interna e externa, que englobam os processos apresentados no Quadro 4.4.

**Quadro 4.4** – *Elementos das fases interna e externa do processo licitatório*

| FASE INTERNA | |
|---|---|
| **Período: do planejamento até a publicação do edital de licitação na imprensa oficial** | |
| Remuneração da contratada | Definir a forma de remuneração (tarifa de remuneração) pela qual a empresa será paga pela prestação do serviço. |
| Definição do edital | Contemplar a elaboração do edital de licitação, que deve ser realizada em acordo com o material produzido nos estudos iniciais (apresentados na Seção 4.4.1 desta obra). |
| | Inclui desde a definição do serviço e dos critérios a serem atendidos até a remuneração, os deveres da contratada e as sanções aplicáveis em caso de não atendimento do contrato, entre outros. Deve especificar também os critérios de julgamento das propostas. |
| Audiências e consultas públicas | Para atender ao disposto na PNMU com relação aos direitos dos usuários em participar do planejamento, cabe nessa fase a realização de audiências e consultas públicas – necessário observar as disposições das leis de parcerias público-privadas (PPPs) e de licitações a respeito de aspectos como divulgação, prazos etc. |
| Publicação do edital | Deverá ser realizada com publicação pela imprensa oficial e observando o que dispõem as leis de PPPs e de licitações. |
| **FASE EXTERNA** | |
| **Período: da data de publicação do edital de licitação da imprensa oficial até a assinatura do contrato** | |
| Participação de consórcios e empresas estrangeiras | As duas participações são admitidas segundo a lei brasileira, contanto que haja previsão expressa no ato convocatório (edital). Para consórcio, deve ser explicitada a limitação do número de empresas com a finalidade de não atrair as que não possuem capacidade de atender às obrigações contratuais. Para as empresas estrangeiras, devem ser cumpridos o disposto no art. 32 da Lei de Licitações quanto à apresentação de documentação. |

*(continua)*

*(Quadro 4.4 – conclusão)*

## FASE EXTERNA

**Período: da data de publicação do edital de licitação da imprensa oficial até a assinatura do contrato**

| | |
|---|---|
| Possibilidade de inversão de fase | Alteração no art. 18 da Lei de Licitações permite que, encerrada a fase de classificação das propostas ou de oferecimento dos lances, examinem-se os documentos de habilitação do primeiro colocado apenas; se este cumprir com todas as exigências, será considerado vencedor, seguindo-se a ordem de classificação em caso de não atendimento e desclassificação do primeiro. |
| Julgamento da aptidão das licitantes | Apresentação de documentos que comprovem a aptidão da licitante, conforme a lei, para executar o objeto do contrato. Inclui comprovação de pessoal qualificado, instalações, balanço patrimonial, certidões negativas etc. |
| Garantia de proposta | Garantia de proposta prevê ressarcimento do Poder Público em caso de desistência injustificada da proposta e de recusa injustificada na assinatura do contrato por parte da empresa vencedora da licitação, a qual limita-se a 1% do valor do contrato. Pode ser realizada, segundo o art. 56 da Lei de Licitações, em dinheiro, títulos da dívida pública, seguro-garantia e fiança bancária, entre outros. |
| Garantia de execução | Garantia contra despesas incorridas em face do inadimplemento das obrigações assumidas pela concessionária. |
| Constituição de sociedade de propósito | Pode ter obrigatoriedade prevista no contrato de concessão, e caracteriza a necessidade de o licitante vencedor constituir uma Sociedade de Propósito Específico (SPE) como condição para assinatura do contrato. A principal vantagem é a segregação dos riscos decorrentes da realização de outras atividades empresariais. |

Fonte: Elaborado com base em Brasil, 2020b.

Findadas as fases interna e externa da licitação, a assinatura do contrato concretiza a contratação da iniciativa privada na realização da atividade de operação do sistema de transporte público, ou de parte dele, conforme o edital inicial.

## 4.5 Financiamento do sistema de transporte público

O financiamento é fundamental para a gestão do sistema de transporte público. Além de estar intrinsecamente ligado ao valor das passagens – objeto de reivindicação popular –, ele corresponde ao custeio da operação de transporte. Sua principal fonte é a tarifa pública, podendo ser acrescida por receita extratarifária e/ou subsídio. Segundo o Ipea (citado por Carvalho et al., 2013), são poucos os casos que exploram o potencial de recursos extratarifários no âmbito nacional, diferentemente do que ocorre em países europeus e na América do Norte.

Para os casos nos quais são aplicados recursos extratarifários, existe diferença entre tarifa pública e tarifa de remuneração. Se aquela for maior, a diferença é denominada *superávit*, cujo valor é revertido para o Sistema de Mobilidade Urbana. Se aquela for menor, a diferença é denominada *déficit* ou *subsídio tarifário*. Nos parâmetros da PNMU, o déficit originado deverá ser coberto por receitas extratarifárias ou alternativas, subsídios orçamentários, subsídios cruzados intrasetoriais e intersetoriais provenientes de outras categorias de beneficiários dos serviços de transporte, dentre outras fontes instituídas pelo Poder Público delegante.

+ **Receitas extratarifárias** – São obtidas em decorrência de atividades diferentes da provisão de serviço de transporte coletivo. A publicidade é a mais comum, mas também se aplicam, por exemplo, receitas de locação de espaços comerciais em terminais e estações (Brasil, 2020b). As fontes de receita extratarifária devem constar no edital de licitação, o que permite uma análise mais exata do financiamento do serviço.
+ **Subsídios orçamentários** – Podem ocorrer de forma intrasetorial ou intersetorial. No primeiro caso, o subsídio pode ser dado diretamente ao usuário ou concedido indiretamente ao

usuário, com a utilização de recursos do próprio sistema de transporte público:

- **Subsídio dado diretamente ao usuário** – Assegura a mobilidade de determinados grupos, tais como idosos e estudantes (Carvalho et al., 2013). Segundo a Associação Nacional de Transportes Públicos (Mantovani et al., 2019), esse sistema cruzado é perverso e representa um imposto indireto, que recai sobre os menos favorecidos, como os trabalhadores informais. Enquadra-se também nessa categoria o vale-transporte, em que o trabalhador adquire 50 passes mensais pagando no máximo 6% de seu salário-base, tendo a diferença coberta pelo empregador, que recebe incentivo fiscal do governo federal em contrapartida, nos parâmetros da Lei n. 7.418, de 16 de dezembro de 1985, que instituiu o vale-transporte (Brasil, 1985);
- **Subsídio concedido indiretamente** – É concedido aos operadores do sistema de transporte. Um exemplo desse tipo de subsídio são os sistemas de compensação entre linhas superavitárias e deficitárias com tarifa unificada, equalizando seu custo (Carvalho et al., 2013). No caso intersetorial, é o subsídio proveniente de outras categorias de beneficiários dos serviços de transporte, como taxa sobre combustíveis, cobrança de estacionamento em vias públicas, imposto sobre estacionamentos privados e taxa sobre as propriedades de imóveis e sobre o consumo de energia elétrica.

## 4.6 *Estrutura tarifária*

A PNMU define as diretrizes que devem orientar a regulação dos serviços de transporte público coletivo, entre elas: equidade no acesso, eficiência e eficácia, modicidade da tarifa e transparência da estrutura tarifária para o usuário (Brasil, 2012). Sobre a última diretriz – e lembrando que a principal fonte de financiamento do transporte público no Brasil é a tarifa pública –, o modo escolhido para a cobrança deve estar disponível para consulta do usuário e constar no edital de licitação. No Quadro 4.5, são explicitados os tipos de estrutura tarifária que podem ser utilizados.

Quadro 4.5 – Tipos de estrutura tarifária

| Tipo | Características |
| --- | --- |
| Por quilômetro | Calculada por quilômetro percorrido ou fragmentada por trecho. |
| Única | Para um grupo de linhas ou para todo o sistema. |
| Social | Diferenciada para determinado grupo. |

No Brasil, os tipos mais comuns são a tarifa única e a social, nas quais alguns grupos são isentos ou têm desconto. No mundo, existem casos bem-sucedidos de tarifas por quilômetro, como, por exemplo, na cidade de Londres, na Inglaterra. Lá, a tarifa do metrô é cobrada exclusivamente por cartão, apresentado na entrada e na saída. Assim, a quilometragem percorrida pelo passageiro é calculada com base na linha que foi usada e descontada automaticamente de seu cartão ao final do trajeto.

*Para saber mais*

BRASIL. Ministério das Cidades. **Gestão do sistema de transporte público coletivo.** Brasília: Ministério das Cidades. (Caderno Técnico de Referência). Disponível em: <https://www.mdr.gov.br/images/stories/ArquivosSEMOB/Biblioteca/Caderno-Tecnico-de-Referencia-Gestao-do-Sistema-de-Transporte-Publico-Coletivo.pdf>. Acesso em: 9 set. 2020.

Para conhecer as recomendações do Ministério das Cidades a respeito da condução de concessões, sugerimos a leitura do caderno técnico de referência sobre a gestão do sistema de transporte público coletivo.

SANTO ANDRÉ. **Edital CP 001/2018:** concessão e operação e manutenção do sistema de transporte coletivo tronco-alimentado Vila Luzita e seus equipamentos de apoio. Disponível em: <http://e-compras.santoandre.sp.gov.br/Edital/DownloadEdital.aspx?cod=5890&dsEdital=&dsExb=a&dsMod=0&dsSit=0&dsNat=0&dsPag=0>. Acesso em: 10 set. 2020.

Para observar as características de um processo de concessão, sugerimos a leitura do edital de licitação da cidade de Santo André, em São Paulo, e de seus anexos.

## *Síntese*

Neste capítulo, explicamos que existem diferentes níveis de abrangência que se relacionam com a gestão de sistemas de transportes públicos, sendo eles a gestão pública e a gestão da mobilidade urbana. Informamos que o planejamento pode ocorrer em níveis diferentes – estratégico, tático e operacional –, cada um de maneira específica, colaborando para o funcionamento da mobilidade e dos sistemas de transportes das cidades. Abordamos, ainda, uma temática central a esse tema: as competências do município de gerenciar o sistema de transporte público por meio de planejamento, execução e fiscalização e de regulamentar o sistema de transporte público, atribuição instituída pela Constituição Federal e pela PNMU.

Também analisamos o papel da participação da sociedade civil, bem como da avaliação e do monitoramento nesse contexto, destacando o uso e as funcionalidades de indicadores e de dados de avaliação disponíveis. As concessões, os estudos iniciais necessários para a elaboração de edital de licitação e o processo de licitação foram outros tópicos sobre os quais nos debruçamos. Por fim, versamos sobre questões correlatas ao financiamento do sistema de transporte público e ao estabelecimento da estrutura tarifária.

## Perguntas & respostas

1. Qual a é diferença entre a fiscalização do transporte público e o monitoramento do atendimento da política de mobilidade? Existe alguma relação entre eles?

   *Resposta: A fiscalização corresponde à entrega do serviço nos padrões estabelecidos no contrato de concessão, garantindo que o objetivo de lucrar das empresas não interfira na qualidade do serviço. Já o monitoramento, que significa acompanhar algo ao longo do tempo, refere-se à consecução das metas estratégicas estabelecidas em âmbito nacional. Ambos estão relacionados, visto que a fiscalização visa a obter bons resultados em âmbito local, garantindo a qualidade do serviço, o que tem reflexos no monitoramento, para o qual o objetivo é a consecução das metas previstas na PNMU.*

2. No decorrer deste capítulo, explicamos que na fase interna da licitação são realizadas audiências e consultas públicas. Qual é o propósito dessas ações? Há outras formas de atender a esse objetivo com base na PNMU? (Para responder a essa questão, é recomendável consultar a Lei n. 12.587/2012, Capítulo III, em suas disposições a respeito dos direitos dos usuários).

   *Resposta: As audiências e as consultas públicas são alguns dos instrumentos que asseguram a atuação pública, sendo realizadas com o fim de viabilizar a participação da sociedade civil no planejamento, na fiscalização e na avaliação da PNMU. Conforme o art. 15 da Lei n. 12.587/2012, podem ser utilizados com essa mesma função: os órgãos colegiados com representantes do Poder Executivo, da sociedade civil e dos operadores dos serviços; as ouvidorias nas instituições responsáveis pela gestão do Sistema Nacional de Mobilidade Urbana ou nos órgãos com atribuições análogas; e os procedimentos sistemáticos de comunicação, de avaliação da satisfação dos cidadãos e dos usuários e de prestação de contas públicas.*

## Estudo de caso

Leia a seguir o fragmento de uma reportagem do portal Mobilize Brasil (2018) com Flávio Siqueira, representante da Cidade dos Sonhos, uma coalizão de entidades sociais em prol da mobilidade urbana:

> "A incorporação de cronogramas de eliminação do diesel no transporte público é uma tendência inexorável" [...]. "Atualmente os ônibus elétricos já são mais econômicos, quando se considera todo seu ciclo de vida, enquanto que [sic] os problemas causados pela poluição do diesel que oneram os cofres públicos são cada vez mais evidentes. Só existe uma saída para resolver essa equação: investir em combustíveis limpos". (Siqueira, citado por Mobilize Brasil, 2018)

Esse trecho reflete uma postura de mudança de pensamento ambiental, a qual também pode ser observada na PNMU, em seus princípios (art. 5º), diretrizes (art. 6º) e objetivos (art. 7º):

> Art. 5º [...]
> II – desenvolvimento sustentável das cidades, nas dimensões socioeconômicas e ambientais;
> [...]
> Art. 6º [...]
> V – incentivo ao desenvolvimento científico-tecnológico e ao uso de energias renováveis e menos poluentes;
> [...]
> Art. 7º [...]
> IV – promover o desenvolvimento sustentável com a mitigação dos custos ambientais e socioeconômicos dos deslocamentos de pessoas e cargas nas cidades;
> (Brasil 2012)

O município A, que dispõe de um Plano Setorial de Mobilidade Urbana, apresenta entre suas metas diminuir significativamente a emissão de gases poluentes produzidos pelo sistema de transporte público coletivo da cidade, que se estrutura no modal ônibus. Nesse contexto, seu plano deveria contemplar qual tipo de ação? Como isso se desenvolveria posteriormente para atingir o objetivo proposto?

*Sugestão de resposta*

Dado que os planos devem contemplar ações e prazos, a solução poderia ser a inclusão, no Plano de Mobilidade, de ação que defina a gradual eliminação do sistema de combustível a *diesel*, com determinação de prazo para isso. Por exemplo:

* **Ação** – Reduzir gradualmente a frota de ônibus do sistema de transporte público que utiliza como combustível o *diesel*, até substituí-la por outra menos poluente, dotada de tecnologia que proporcione atendimento integral aos limites de emissões de gases, material particulado e índices de ruído estabelecidos pela legislação vigente. Fica estabelecido o prazo de 4 anos, havendo substituição gradual de 25% da frota total inicial a cada ano, nos parâmetros estabelecidos.
* **Procedimento** – Como desdobramento da ação, ao realizar edital de licitação para a concessão da operação do sistema de transporte público, o órgão responsável pela gestão do sistema poderá, por exemplo, contemplar nas especificações de frota o disposto no quadro a seguir.

*Quadro A – Exemplo de especificação de frota em edital de licitação de transporte público coletivo*

| Especificações | Características gerais | Características específicas |
|---|---|---|
| Biodiesel, gás natural veicular (GNV) ou combustível alternativo. | Autonomia mínima: 250 quilômetros para todos os veículos. | Independentemente do tipo de combustível, o veículo deverá dispor de tecnologia que proporcione atendimento integral aos limites de emissões de gases, material particulado e índices de ruído estabelecidos pela legislação vigente. |

## Questões para revisão

1. Quais são os níveis contemplados pela gestão do sistema de transportes? Descreva-os.

2. O subsídio tarifário intrassetorial dado diretamente ao usuário apresenta alguma contraindicação de uso?

3. (Vunesp – 2016 – Ministério Público do Estado de São Paulo) Uma cidade paulista de porte médio vem fixando suas tarifas de transporte coletivo público com base nos preços praticados na capital e irá reorganizar seus contratos e adequá-los ao marco legal vigente. Foi feita uma auditoria que apontou a existência de diferença a maior entre o valor monetário da tarifa de remuneração da prestação do serviço e a tarifa pública cobrada do usuário, isto é, de superávit tarifário. Dentro das diretrizes para a regulação dos serviços de transporte público coletivo que integram a Política Nacional de Mobilidade Urbana, estabelecida pela Lei Federal n. 12.587/2012, determina-se que a receita decorrente desse *superavit*
    a. será necessariamente abatida do valor da tarifa, para atender à exigência de repasse ao usuário.
    b. reverterá para o Sistema de Mobilidade Urbana.
    c. será recolhida ao Tesouro Municipal, para livre utilização na execução das despesas públicas.
    d. caberá aos proprietários das empresas de transporte que prestam o serviço, dado que a operação é privada.
    e. reverterá para um fundo de compensação dos impactos ambientais causados pelo sistema.

4. Analise as afirmativas a seguir.

   I. Uma empresa pública ou privada pode exercer as funções de planejar, executar e avaliar a política de mobilidade urbana em âmbito municipal.

   II. Uma empresa pública pode exercer as funções de planejar, executar e avaliar a política de mobilidade urbana em âmbito municipal.

   III. Uma empresa privada pode exercer as funções de planejar, executar e avaliar a política de mobilidade urbana em âmbito municipal.

   IV. Uma empresa pública, privada ou mista pode exercer a operação do sistema de transporte público.

   Está(ão) correta(s) apenas a(s) afirmativa(s):

   a. II.
   b. II e III.
   c. IV.
   d. II e IV.
   e. I, II e III.

5. (Fundação Carlos Chagas – 2014 – Tribunal de Justiça do Estado do Ceará) A Lei Federal n. 12.587, de 3 de janeiro de 2012 (Política Nacional de Mobilidade Urbana), distingue o transporte coletivo em duas modalidades, conforme a natureza dos serviços prestados: público ou privado. Com base nessa distinção, é correto afirmar que o transporte público coletivo deve ser objeto de

   a. concessão ou permissão; o transporte privado coletivo deve ser objeto de autorização.

   b. permissão ou autorização; o transporte privado coletivo não depende da produção de ato administrativo para ser prestado.

c. concessão; o transporte privado coletivo deve ser objeto de permissão ou autorização.

d. concessão patrocinada; o transporte privado coletivo deve ser objeto de concessão administrativa.

e. concessão ou autorização; o transporte privado coletivo deve ser objeto de permissão.

## Questões para reflexão

1. Como os conceitos de estrutura tarifária e de tarifa pública e de inclusão se relacionam?

2. Como assegurar a participação pública no planejamento e na fiscalização do transporte público?

✦ ✦ ✦

*capítulo cinco*

*Experiências
internacionais*

## Conteúdos do capítulo

+ Financiamento subsidiado com importo sobre a propriedade de imóveis.
+ Financiamento subsidiado pela valorização das regiões atendidas por transporte de grande capacidade.
+ Estabelecimento de diferentes políticas tarifárias.
+ Boas práticas na gestão do transporte público.
+ Casos de sucesso.

## Após o estudo deste capítulo, você será capaz de:

1. identificar experiências de várias cidades com relação ao transporte público;
2. relacionar as diferentes políticas tarifárias;
3. reconhecer as boas práticas aplicadas ao transporte público com base em experiências internacionais;
4. apontar os desafios do transporte público;
5. definir e aplicar soluções no contexto de gestão de sistemas de transporte.

Uma importante ferramenta na gestão de sistemas de transporte público é a observação de experiências empreendidas em outras cidades, com relação tanto ao financiamento quanto às práticas que contribuem para mais eficiência e eficácia na gestão e na oferta do serviço. A seguir, detalharemos modelos presentes em algumas cidades do mundo.

## 5.1 Fontes alternativas de financiamento

Os sistemas de transporte urbano não geram receitas comerciais suficientes para financiar a totalidade de seus custos operacionais; na maioria dos casos, a parte restante é tradicionalmente compensada pela Administração Pública (Duarte, 2012). Por esse motivo, um dos principais pontos de atenção na gestão dos sistemas de transporte público é o financiamento. Nesta seção, verificaremos como algumas cidades no mundo lidam com essa questão.

Os dois exemplos a seguir foram selecionados de um relatório do European Metropolitan Transport Authorities (EMTA, 2017), que reuniu soluções inovadoras de financiamento.

### Barcelona

Em 2010, o Parlamento da Catalunha adotou um imposto especificamente dedicado a arrecadar fundos para o serviço de transporte público fornecido na área metropolitana de Barcelona. O tributo, cobrado como sobretaxa sobre a propriedade de terra, é pago por cidadãos que residem nos 18 municípios que constituem o primeiro anel metropolitano. A base tributável é calculada proporcionalmente ao tamanho do terreno e das construções. Em suma, a receita extra para financiar o transporte é obtida dos proprietários de terras e de imóveis da região, sendo progressivo conforme o tamanho (e o consequente valor) da propriedade, isto é, quem tem menos contribui com menos.

### Londres

A Transport For London (TFL) propôs a criação de uma "zona de empresa" na linha da região norte de Londres. A ideia consiste em taxar empresas localizadas no recorte proposto, já que elas obtêm benefício comercial graças a sua localização. A receita resultante é usada exclusivamente para financiamentos relacionados ao trecho. As partes interessadas realizaram um substancial esforço para fornecer explicações e obter apoio nessa empreitada, que, atualmente, já se encontra em funcionamento.

## 5.2 *Política tarifária: o caso de Frankfurt*

Ao lado do financiamento, a política tarifária é um elemento essencial na gestão do sistema de transporte público, pois define quanto o usuário terá de desembolsar para utilizar o serviço.

Conforme o Ministério das Cidades (Brasil, 2020b), Frankfurt, na Alemanha, tem uma política tarifária mais complexa do que a observada no Brasil. Aqui, adota-se uma tarifa única, que pode ser diferenciada para grupos específicos, como estudantes e idosos. Já em Frankfurt, há zonas tarifárias, que estabelecem que quanto mais distante for a viagem realizada, maior será o valor cobrado.

Outra característica da cidade é a variedade de bilhetes temporais, que podem ser válidos por dia, semana, mês ou ano, cada um apresentando descontos específicos. Apesar de implicarem queda da receita total, os descontos são tidos como positivos por garantir a fidelização do usuário do transporte público. A atual política tarifária de Londres também funciona por zonas, sendo outro exemplo do funcionamento eficiente desse sistema em grandes cidades.

## 5.3 Boas práticas

A Union Internationale des Transports Publics (UITP), ou Associação Internacional de Transportes Públicos, reúne organizações de diversos países, como Brasil, Irlanda, Grécia, México, França, Portugal, Turquia e Índia, entre outros. Entre as atividades da entidade, encontra-se a produção de um relatório (com recomendações sobre gestão e operação de transporte público, com vistas à melhoria na qualidade do serviço ofertado (Arthur D. Little; UITP, 2014).

Umas dessas orientações diz respeito a uma mudança na cultura do operador de transporte público, cujo foco deve se deslocar da gestão da frota para o usuário do transporte. Para alcançar essa evolução, o relatório defende ser necessário aprimorar características relativas à oferta do serviço, como a disponibilização de informações de qualidade sobre o roteiro e o tempo real de espera e melhoria de aspectos como pontualidade, regularidade e segurança. O relatório também propõe desenvolver uma posição competitiva do transporte público, baseada na promoção de soluções integradas e parcerias estratégicas intermodais, como compartilhamento de carros e sistemas de controle de tráfego que priorizem o transporte público.

No Brasil, em virtude da estrutura organizacional e do grau de responsabilidade do Poder Público, a execução de algumas recomendações feitas pela UITP fica atrelada à fase de planejamento do sistema, que envolve o projeto básico e a elaboração do edital de licitação/contrato.

## 5.4 Soluções internacionais para o serviço de transporte

Diversos elementos podem ser agregados com a finalidade de melhorar a qualidade do serviço de transporte público, como semáforos inteligentes e redes de transporte multimodais (que atuam para diminuir os tempos de deslocamento e de espera) e aumento da área de abrangência do transporte público e da eficiência do sistema.

A seguir, destacaremos experiências de três cidades que têm algo em comum: implantaram soluções para o transporte público que funcionam bem em suas realidades.

### Hong Kong (China)

A região asiática dispõe de um efetivo sistema de transporte multimodal baseado em ferrovia e alimentado por bondes, ônibus, micro-ônibus e táxis, apresentando compartilhamento de modal de transporte público muito elevado (90%) e taxas de propriedade de veículos muito baixas – 50 veículos por 1000 habitantes (Booz, 2012). Ela conta ainda com a tecnologia *contactless* (sobre a qual discorreremos no Capítulo 6), que permite aos clientes utilizar todos os modos de transporte e realizar pagamentos de estacionamentos, lojas e instalações de lazer com um mesmo cartão.

*Figura 5.1 – Transporte público de Hong Kong*

### Copenhague (Dinamarca)

A capital dinamarquesa conta com um plano de atratividade para o uso de bicicletas e de ônibus, que inclui a priorização de sua travessia por semáforos inteligentes, por meio da formação de ondas verdes, conforme a Cartilha de Cidades do Banco Nacional de Desenvolvimento Econômico e Social (BNDES, 2018). A cidade também tem a menor taxa de penetração de carros na Europa Ocidental, de 0,24 veículos por habitante (Arthur D. Little; UITP, 2014).

Além disso, os meios de transporte públicos têm espaço para bicicletas e estacionamentos acessíveis em áreas próximas às estações (Figura 5.2), o que permite a verdadeira integração entre modos motorizados e não motorizados.

*Figura 5.2 – Estacionamento de bicicletas em frente a uma estação de metrô em Copenhague*

### Bogotá (Colômbia)

Conforme atestam Pavelski e Bernardinis (2019), a cidade de Bogotá conta com o TransMilenio, sistema cuja concepção baseou-se no *Bus Rapid Transit* (BRT) de Curitiba. A versão colombiana, no entanto, apresenta diferenças em relação ao projeto brasileiro, como calçadas mais largas, exclusivas para pedestres, e infraestrutura cicloviária (a Ciclorruta), formando um conjunto que colabora para a articulação entre os modais.

Outro diferencial é a constante realização de campanhas para uso mais frequente das bicicletas, como *Al colegio en Bici*, voltada aos estudantes, ou *Monta y Suma*, direcionada ao público geral (Morato, 2015). Essas iniciativas, somadas à facilidade de conexão ao transporte público coletivo, incentivam cada vez mais pessoas a substituir o uso do transporte privado por modos ativos e transporte público.

*Para saber mais*

CONTESTED streets. Direção: Stefan C. Schaefer. Estados Unidos, 2006. 57 min. Documentário.

Para conhecer mais sobre a experiência e a trajetória do transporte público em algumas cidades do mundo, sugerimos assistir a esse documentário, que mostra como aos poucos a cidade de Nova York, tão rica na dimensão de espaço público, rendeu-se à priorização de veículos motorizados. Além disso, o filme traça um paralelo na temática do transporte e a ocupação do espaço urbano com outras cidades no mundo, como Londres, Copenhague e Paris, que priorizaram e expandiram o transporte público coletivo, seguindo um caminho diferente daquele tomado por Nova York.

## Síntese

Neste capítulo, abordamos as experiências de Barcelona e de Londres relativas à obtenção de receitas alternativas para financiar o sistema de transporte público. Também tratamos sobre o funcionamento da política tarifária em Frankfurt e sobre as boas práticas de gestão propostas pela UITP.

Por fim, apresentamos os exemplos das cidades de Hong Kong, Copenhague e Bogotá e as soluções para melhoria do transporte público por elas implantadas.

## Perguntas & respostas

1. Quais são as recomendações da UITP visando à melhoria da qualidade do serviço de transporte público? Que ações devem ser desenvolvidas para alcançar sucesso?

   *Recomendação 1: passar o foco da gestão para os usuários em substituição ao tradicional foco na gestão da frota. Ações: aprimorar características relativas à oferta do serviço, como disponibilizar informações de qualidade de roteiro e de tempo real de espera e melhorar aspectos de pontualidade, regularidade e segurança.*

   *Recomendação 2: desenvolver a posição competitiva do transporte público. Ações: promover soluções integradas, como parcerias estratégicas intermodais no compartilhamento de carros e sistemas de controle de tráfego que priorizem o transporte público.*

2. No caso da gestão indireta, como o edital de licitações pode contribuir para que as recomendações indicadas pelo relatório da UITP sejam concretizadas?

   *Quando o município decide delegar à iniciativa privada a operação dos transportes públicos, por meio de concessão ou de permissão, torna-se obrigatória a realização de licitação. O edital apresenta para os interessados em participar do certame o objeto de concessão (no caso, o serviço de transporte público) com o maior número e a melhor qualidade de informações e descrições possíveis, para que não haja posteriormente discordância entre as partes sobre a responsabilidade da contratada em atender a determinadas características.*

*O edital pode colaborar no atendimento das recomendações da UITP, desde que, em sua fase de elaboração, os elementos sejam adequadamente especificados. Por exemplo, para cumprir a recomendação da gestão com foco no usuário, poderia ser incluída no edital a necessidade de que toda a frota de veículos possua sistema de posicionamento global (GPS) em funcionamento, a fim de que a oferta do serviço de localização do veículo mais próximo à estação, via aplicativo, seja viabilizada.*

## Questões para revisão

1. Haveria alguma contraindicação à aplicação da política tarifária utilizada em Frankfurt, na Alemanha, em cidades brasileiras? Justifique sua resposta.

2. Quais são as características comuns identificadas nas ações realizadas em Hong Kong, Copenhague e Bogotá?

3. O sistema de BRT (implantado em Bogotá, na Colômbia, é baseado no modelo brasileiro desenvolvido em Curitiba. Dentre as causas a seguir, aponte a que não contribuiu para o sucesso do caso colombiano:
   a. Possibilidade de integração modal com bicicletas.
   b. Facilidade de acesso dos usuários em razão da construção de calçadas mais largas.
   c. Menor intervalo entre os ônibus, o que diminui o tempo de espera.

d. Maior segurança no trânsito, com vias exclusivas para os pedestres.

e. Maior proteção contra roubos de bicicletas em razão da implantação de locais seguros para o estacionamento desse tipo de veículo.

4. "Na generalidade, os sistemas de transporte urbano não geram receitas comerciais suficientes para financiar a totalidade dos seus custos operacionais na maioria dos casos, a restante parte é tradicionalmente compensada pelos subsídios públicos" (Duarte, 2012, p. 43). Identifique qual(is) conceito(s) a seguir não se relaciona(m) com essa afirmação:

   I. Subsídio.
   II. Déficit.
   III. Superávit.
   IV. Financiamento.

   Assinale a alternativa que apresenta o(s) conceito(s) correto(s):

   a. Apenas o conceito III.
   b. Apenas o conceito I.
   c. Os conceitos I e IV
   d. Apenas o conceito II.
   e. Os conceitos II e III.

5. São ações aplicáveis à gestão da operação com foco no usuário de transporte:

   I. Controle de tráfego que priorize o transporte público.
   II. Disponibilização de informações de roteiro nas estações.
   III. Informações de tempo real de espera via aplicativo.
   IV. Pontualidade dos veículos.

Está(ão) correta(s) apenas a(s) alternativa(s):
a. I, II e III.
b. I, III e IV.
c. II.
d. II, III e IV.
e. I, II e V.

## Questões para reflexão

1. Que elementos fazem do transporte público brasileiro alvo constante de crítica? Liste possíveis soluções para os problemas por você citados.

2. A formulação de uma rede de transporte multimodal é aplicável em todas as cidades? Justifique sua resposta.

✦ ✦ ✦

*capítulo seis*

# Incremento da tecnologia aplicada à melhoria do transporte público

## Conteúdos do capítulo

* Contribuições da tecnologia para a qualidade do sistema de transporte público.
* Conceitos de *Smart City* e *Smart Mobility*.
* *Internet of Things* (Internet das Coisas),
* Tecnologia da Informação e Comunicação
* *Intelligent Transportation Systems* (Sistemas Inteligentes de Transporte).

## Após o estudo deste capítulo, você será capaz de:

1. explicar a articulação da tecnologia com os diferentes níveis de gestão de sistemas de transporte público;
2. identificar as aplicações da tecnologia no transporte público;
3. reconhecer o incremento da tecnologia no contexto atual do transporte público;
4. identificar uma *Smart City* e uma *Smart Mobility*;
5. apontar soluções que podem ser adotadas em um cenário de sistema de transporte público já estabelecido.

O termo em inglês *smart*, que vem sendo incorporado nos últimos anos nos mais diversos segmentos que utilizam ferramentas tecnológicas como sinônimo de uma evolução de suas qualidades, avançou sobre as cidades. Neste capítulo final, verificaremos com detalhes o que isso significa e como esse conceito se articula com a gestão de sistemas de transporte público nos diversos níveis gerenciais.

## 6.1 *Emprego da tecnologia: da gestão à operação*

O constante desenvolvimento da tecnologia tem possibilitado avanços no gerenciamento dos sistemas de transporte público que vão além da simples regulação do trânsito. Para Cunha et al. (2016), a tecnologia apresenta soluções aos problemas de mobilidade urbana e contribui para a qualidade dos serviços de transporte oferecidos aos cidadãos, instrumentalizando operadores e auxiliando gestores urbanos a avançar na direção do desenvolvimento inteligente de seus municípios.

Nesse sentido, versaremos a seguir sobre as aplicações voltadas tanto ao planejamento quanto à operação, que atraem interesse dos órgãos gestores e de empresas operadoras.

### *Nível gerencial*

O nível gerencial inclui tarefas atribuídas à Administração Pública local, deveres do município, planejamento, controle e monitoramento, conforme previsto na Política Nacional de Mobilidade. Exemplos da aplicação da tecnologia nesse nível são:

- **Sistemas de bilhetagem eletrônica** – Permitem refinar o controle do faturamento das empresas, reduzindo as fraudes e a evasão de receitas. Além disso, na fase de planejamento, reúnem dados precisos que podem ser usados na modelagem

financeira e na determinação de frota e de frequência dos veículos para elaboração de projetos iniciais (fundamentais ao processo licitatório).
+ **Sistemas de registro eletrônico** – Monitoramento da circulação dos veículos para determinar se as disposições contratuais estão sendo atendidas pela empresa responsável pela operação.

Essas tecnologias permitem a manutenção de bancos de dados atualizados, que podem alimentar os processos de tomada de decisão.

## Nível operacional

No nível operacional, o interesse recai principalmente sobre tecnologias que possam contribuir para a eficiência da operação do sistema. Na visão das empresas, os resultados positivos podem ser expressos por meio da diminuição de consumo de combustível, redução de custos de manutenção e aumento de receita (NTU, 2013). Podemos citar como exemplos:

+ Instalação de um Centro de Controle Operacional (CCO), que processa informações coletadas, como as oriundas de equipamentos de coleta de dados instalados nas vias e nos veículos (tecnologia embarcada), permitindo a sincronização da operação do sistema.
+ Uso de semaforização inteligente, que prioriza o transporte coletivo – como o sistema de *Bus Rapid Transit* (BRT), em Curitiba. Permite à frota operar com máxima eficiência, além de gerar o benefício da rapidez no deslocamento do usuário, fator que pode elevar a avaliação do serviço ofertado e, consequentemente, da empresa.

Interessam a esse nível gerencial, principalmente, as tecnologias que permitem uma maior racionalização do uso dos recursos disponíveis, aumentando a margem de lucratividade sempre que possível

## 6.2 Smart City e Smart Mobility

As *Smart Cities*, ou Cidades Inteligentes, podem ser vistas como um desdobramento da evolução tecnológica. A expressão, que passou a ser utilizada por empresas como a Siemens e a IBM por volta de 2005, representa os sistemas de informação que integram a infraestrutura urbana e as inovações tecnológicas voltadas para o planejamento, o desenvolvimento e a operação das cidades (Harrison; Donnelly, 2011). Dentro desse conceito, existem subcategorias, que alinham o termo geral com funções específicas, como segurança, saúde e mobilidade urbana. É o caso da *Smart Mobility*, ou Mobilidade Inteligente.

Tanto o conceito de *Smart City* quanto suas subcategorias estão diretamente relacionados a outros dois: *Internet of Things* (IoT) – Internet das Coisas – e Tecnologia da Informação e Comunicação (TIC). A IoT é uma infraestrutura global que habilita serviços avançados por meio da interconexão entre "coisas" (físicas e virtuais), com base na TIC (BNDES, 2018). Uma solução IoT apresenta três características básicas, conforme apresentado no Quadro 6.1.

*Quadro 6.1 – Características de uma solução IoT*

**Três pré-requisitos:**
- **Recebimento de dados** digitais vindos de **sensores** e/ou indo para **atuadores** (por exemplo, sensor de temperatura em um motor).
- **Conexão com uma rede** fora do objeto.
- Capacidade de **processar dados** de forma **automática** (sem intervenção humana).

Fonte: BNDES, 2018, p. 7, grifo do original.

Além da IoT e da TIC, existe um terceiro conceito, que trata da aplicação dos anteriores no serviço específico dos sistemas de transporte: os Sistemas Inteligentes de Transporte, assunto da seção a seguir.

## 6.3 Sistemas Inteligentes de Transporte

Embora a mobilidade de pessoas e mercadorias exista há muitos anos, nunca antes ela havia alcançado tão grande escala como nos tempos atuais; os problemas enfrentados, entretanto, cresceram na mesma proporção (Cunha et al., 2017). Os Sistemas Inteligentes de Transporte – em inglês, *Intelligent Transportation System* (ITS) –, preveem o uso de tecnologia para tornar mais eficiente a gestão e a operação de todo o sistema de mobilidade. Eles oferecem soluções que objetivam, por exemplo, diminuir a formação de congestionamentos, conter a emissão de gases nocivos à saúde e ao meio ambiente pela queima de combustíveis e melhorar a qualidade de vida das pessoas.

Segundo Cunha et al. (2016), muitas cidades já aplicam a tecnologia para dar respostas aos problemas de mobilidade urbana. Nesse contexto, seguem alguns exemplos:

- monitoramento das emissões de dióxido de carbono e do consumo energético dos sistemas de transporte urbano;
- programas de segurança e de vigilância nos sistemas de transporte urbano;
- detecção automática de incidentes de trânsito nas rodovias por meio de radares fixos e móveis;
- informações em tempo real da localização e do movimento dos veículos na cidade baseadas em sistemas de georreferenciamento embarcado e em tecnologias similares, que permitem a leitura automática da placa dos carros;
- aplicativos com informações em tempo real sobre a situação do trânsito e de obras nas estradas, disponibilidade de estacionamentos públicos e caminhos alternativos, entre outras;
- sensores para a mensuração de diferentes parâmetros ambientais nas bicicletas (como aplicado em Amsterdã e em Copenhague);

* conversão dos pontos de carga dos carros elétricos em medidores de consumo de eletricidade.

As possibilidades de aplicação dos ITS, conforme mencionamos, são diversas. E, apresar de se relacionarem em medidas diferentes com outras temáticas (por exemplo, ambiental e segurança viária), eles têm em comum a capacidade de contribuir de forma positiva para a mobilidade urbana.

## Principais aplicações dos Sistemas Inteligentes de Transporte

Algumas aplicações dos Sistemas Inteligentes de Transporte favorecem a eficiência dos transportes públicos e apresentam perspectivas bastante positivas, já tendo sido testadas em várias cidades com sucesso. Por esse motivo, apresentaremos de forma mais detalhada os sistemas integrados de transporte multimodal, os sistemas de informação ao usuário, os sistemas de bilhetagem eletrônica, sistemas de priorização semafórica e a tecnologia NFC.

### Sistemas integrados de transporte multimodal

Trata-se da articulação de vários modais de transporte para a realização de deslocamentos, podendo integrar ônibus, metrô e bicicleta, entre outros meios de locomoção. Diversos desafios devem ser levados em conta na concepção de transportes multimodais, como a manipulação de informação em tempo real, a análise multicritérios, a recomendação de rotas e o registro de preferências do usuário (Cunha et al., 2017).

Diferentes sistemas já foram desenvolvidos com o objetivo de realizar essa interface entre as opções de transporte. Um exemplo em funcionamento é o Smart Commute (2020), que atende à região metropolitana de Toronto e Hamilton, no Canadá. Trata-se de um programa para ajudar qualquer pessoa a explorar opções inteligentes de viagem economizando tempo e dinheiro.

### Sistemas de informação ao usuário

Configurando-se como ferramentas de diálogo, os sistemas de informações ao usuário geram no público usuário uma maior satisfação com relação ao serviço de transporte, uma vez que possibilitam acesso a dados como tempo de espera na parada e itinerário de determinada linha, entre outros (Schein, 2003). Atualmente, a tecnologia embarcada nos veículos, como o sistema de posicionamento global (GPS), tem facilitado a disseminação desse tipo de solução. Além disso, a popularização dos *smartphones* deu ao usuário a ferramenta necessária para se comunicar, tendo se tornado um facilitador nessa tarefa.

### Sistemas de bilhetagem eletrônica

Os sistemas de bilhetagem eletrônica registram informações relativas a viagens e a utilizações do cartão-transporte, as quais podem ser classificadas em dois grupos (Guerra; Barbosa; Oliveira, 2014): (1) aqueles que registram informações como código de identificação da viagem, número da linha, data e hora do início e do término da viagem e total de passageiros pagantes (tanto em dinheiro quanto em cartão); (2) aqueles que registram todas as transações de tarifa feitas por cartão eletrônico, apresentando informações como código identificador do cartão, código identificador da viagem, data e hora de validação do cartão.

Os dados obtidos podem ser usados com diferentes propósitos: avaliações financeiras, determinação de frota e de frequência e, mais recentemente, até estimativa de matriz origem/destino, tão útil ao planejamento. Outro diferencial de aplicação desses sistemas é que eles viabilizam o funcionamento da conexão tarifária temporal, que permite ao usuário realizar, em determinado intervalo de tempo e ao custo de uma única tarifa, várias viagens, facilitando o transporte multimodal. A maioria das cidades também dá ao usuário de cartão-transporte o benefício de descontos na tarifa, já que o pagamento ocorre antes do uso do serviço.

## Sistemas de priorização semafórica

Existem três formas de colocar em prática a priorização semafórica: (1) por controle isolado, (2) por controle coordenado e (3) por controle centralizado. O tipo mais recente, o qual pode contar com processamento de dados próprio e tomada de decisão, é o controle centralizado. Segundo Peron (2015), esse tipo de priorização semafórica funciona da seguinte forma: uma área é determinada e dividida em subáreas cujas interseções são monitoradas e têm suas informações repassadas a um computador responsável por gerenciá-las. Esse computador da área também pode se comunicar com um computador central, que controla e determina ações para os semáforos (controladores locais).

As estratégias de operação podem ocorrer de três formas diferentes:

1. **Por tempo fixo** – Trabalha de forma *off-line* e atua com base em uma tabela de horários.
2. **Por seleção dinâmica** – Trabalha de forma *on-line* e atua selecionando, conforme a necessidade, um dos planos semafóricos previamente armazenados no computador central. Seu funcionamento depende da instalação de detectores que determinem o fluxo veicular na região.
3. **Por operação em tempo real (adaptável)** – Trabalha de forma *on-line* e permite que o tempo ótimo de abertura seja calculado automaticamente, de acordo com as informações de fluxo de veículos obtidas por meio de sensores próximos ou acoplados nos semáforos (BNDES, 2018).

A operação em tempo real é a solução mais moderna e completa, e precisa contar com um conjunto de sensores capazes de identificar a circulação veicular nas adjacências. Além disso, o computador central deve ser dotado de um algoritmo avançado para calcular a programação mais adequada (Cunha et al., 2016).

**Tecnologia NFC** (*contactless*)

A tecnologia *near field communication* (NFC), ou "comunicação por campo de proximidade", também conhecida como *contactless* ("sem contato", em português), aplicada ao sistema de transporte público, permite que a tarifa seja paga por meio de aproximação de cartões bancários (crédito ou débito) ou da versão digital deles (em *smartphones*, pulseiras ou *smartwatchs*).

Alguns entusiastas apontam essa tecnologia como uma invenção revolucionária para o pagamento, que teria surgido para substituir a bilhetagem eletrônica. Talvez eles não estejam errados quanto à tendência de substituição em longo prazo, mas identificá-la como algo totalmente independente da bilhetagem eletrônica é certamente improcedente. É necessário observar que novas formas de pagar não se descolam da estrutura básica de um sistema de bilhetagem convencional, pois demandam o acoplamento de uma máquina para a leitura dos pagamentos nos veículos ou nas estações. O conceito é muito mais bem representado como uma transição evolutiva tecnológica em razão da chegada da tecnologia NFC.

Essa nova possibilidade oferece ao usuário maior facilidade para realizar o pagamento da tarifa, dispensando-o da necessidade de fazer um cartão específico ou portar dinheiro. Segundo a NTU (2018), ainda outras funções podem ser acrescidas nos validadores de pagamento: "comunicação 4G, Wi-Fi para os passageiros e telemetria para extrair dados como modo de dirigir de cada motorista, gastos com combustíveis, linhas que mais consomem e tempo de viagem, entre outros".

## 6.4 *Contribuições da tecnologia para os sistemas de transporte público*

Conforme Cunha et al. (2016), existem desafios a serem superados no contexto da mobilidade urbana, como priorização e ampliação do transporte coletivo, restrições à circulação do transporte individual, democratização do acesso ao transporte público, disponibilização e organização dos dados do transporte público e integração entre os modais. O uso da tecnologia, nesse contexto, viabiliza o monitoramento em tempo real dos movimentos na cidade, o que permite fundamentar de maneira mais precisa o desenvolvimento de políticas públicas com base em maior quantidade de dados (BNDES, 2018).

Algumas soluções possíveis hoje eram impensáveis há algumas décadas. Essas novidades na mobilidade, permitidas pelo uso de aplicativos (sistemas de carona e de mobilidade compartilhada de carros, bicicletas e patinetes), ainda passam ou passarão por processos de regulamentação na maioria das cidades brasileiras. A tecnologia tem o mérito de contribuir para a melhoria da qualidade dos sistemas de mobilidade e de transporte público. Seu contínuo desenvolvimento, associado à crescente democratização do acesso do público a equipamentos como *smartphones*, permite vislumbrar que ainda existe um mar de possibilidades a ser explorado nesse segmento.

*Para saber mais*

BNDES – Banco Nacional do Desenvolvimento. **Cartilha de cidades.** Brasília, 2018. Disponível em: <https://www.bndes.gov.br/wps/wcm/connect/site/db27849e-dd37-4fbd-9046-6fda14b53ad0/produto-13-cartilha-das-cidadespublicada.pdf?MOD=AJPERES&CVID=m7tz8bf>. Acesso em: 10 set. 2020.

Acesse a *Cartilha de cidades*, do BNDES, que sintetiza experiências sobre o uso de soluções IoT e oferece recomendações para gestores públicos interessados em incorporar essas ferramentas em diversas áreas, inclusive a mobilidade.

NTU – Associação Nacional das Empresas de Transportes Urbanos. **Sistemas Inteligentes de Transportes – ITS**. Brasília: Associação Nacional das Empresas de Transporte Urbano, 2013. Disponível em: <https://www.ntu.org.br/novo/upload/Publicacao/Pub635889696401808391.pdf>. Acesso em: 10 set. 2020.

Após a implantação de um Centro de Controle Operacional (CCO), as cidades de Fortaleza (CE), Goiânia (GO), Porto Alegre (RS) e Rio de Janeiro (RJ) compartilharam dados de suas experiências nessa publicação da NTU.

## *Síntese*

Neste capítulo, assinalamos que o uso da tecnologia nos sistemas de transporte público é bastante útil, tanto para a gestão quanto para a operação. Também relatamos o surgimento dos conceitos de *Smart City* e de *Smart Mobility*, sendo este focado na inteligência dos sistemas de transporte.

Na sequência, tratamos dos Sistemas Inteligentes de Transporte e das soluções atuais aplicadas ao transporte público. Por fim, reunimos algumas contribuições que a tecnologia tem para oferecer nessa área.

## *Perguntas & respostas*

1. Como o emprego da tecnologia no sistema de transporte público pode ser útil ao cidadão, ao município e às empresas operadoras? Dê um exemplo para cada caso.

    *Resposta: Para os cidadãos, a tecnologia oferece soluções aos problemas de mobilidade urbana e qualidade aos transportes. Para os gestores, o aperfeiçoamento do sistema auxilia no avanço em direção ao desenvolvimento inteligente de seus municípios. Para as empresas operadoras, a tecnologia representa uma maior eficiência na execução das atividades oferecidas, o que lhes permite alcançar as metas estabelecidas em contrato e aumentar a lucratividade, em alguns casos. Como exemplos, podemos citar: para o usuário, os sistemas de monitoramento em tempo real, que evitam desperdício de tempo no aguardo do veículo; para os gestores, os sistemas de bilhetagem eletrônica, que permitem maior controle do faturamento; e para as empresas, a instalação de centros de controle operacional, que possibilitam maior controle e sincronismo na operação do sistema.*

2. O que os conceitos *Smart City* e *Smart Mobility* significam e qual a relação existente entre eles?

   *Resposta:* A Smart City é um desdobramento da evolução tecnológica. A designação, que equivale a "Cidade Inteligente", refere-se aos sistemas de informação que integram a infraestrutura urbana e às inovações tecnológicas voltadas ao planejamento, ao desenvolvimento e à operação das cidades. A Smart Mobility, ou, em português, "Mobilidade Inteligente", é uma subcategoria da Smart City, e representa os sistemas de informação que integram a infraestrutura relacionada à mobilidade.

## Questões para revisão

1. Como o uso da tecnologia pode contribuir para a tarefa de fiscalização atribuída ao município pela Política Nacional de Mobilidade Urbana (PNMU)?

2. Como a TIC pode contribuir para a participação da sociedade no planejamento, na fiscalização e na avaliação da PNMU? Exemplifique.

3. Analise os itens a seguir relacionados às finalidades dos Sistemas Inteligentes de Transporte.
   I. Diminuir a formação de congestionamentos.
   II. Conter a emissão de gases nocivos à saúde.
   III. Conter a emissão de gases nocivos ao meio ambiente pela queima de combustíveis.
   IV. Melhorar a aparência dos centros urbanos.
   V. Melhorar a qualidade de vida das pessoas.
   Está(ão) correto(s) apenas o(s) item(ns):
   a. V.
   b. III e IV.
   c. IV.
   d. II e III.
   e. I e V.

4. "O pagamento de passagem por cartão de crédito, débito ou pré-pago em algumas linhas de ônibus de São Paulo começou nesta segunda-feira, 16. O novo serviço vale apenas para cartões físicos ou digitais com a **tecnologia NFC** (*contactless*), que funciona por aproximação e sem o uso de senha" (Cordeiro, 2019, grifo do original). A tecnologia NFC (*contactless*) é uma evolução de qual sistema?
   a. Sistema de bilhetagem eletrônica.
   b. Sistemas integrados de transporte multimodal.
   c. Sistema de priorização semafórica.
   d. Sistema de localização em tempo real.
   e. Sistema de transporte intermodal.

5. Sobre os Sistemas Inteligentes de Transporte, a Internet das Coisas e a Tecnologia da Informação e Comunicação, analise as afirmativas a seguir.

   I. Os Sistemas Inteligentes de Transporte dependem da aplicação de soluções da Internet das Coisas.

   II. O sistema de priorização semafórica do tipo operação em tempo real (adaptável) permite que o tempo ótimo de abertura seja calculado automaticamente, de acordo com as informações de fluxo de veículos obtidas por meio de sensores próximos ou acoplados nos semáforos. Trata-se de uma tecnologia de Sistemas Inteligentes de Transporte baseada em Internet das Coisas .

   III. As soluções dos Sistemas Inteligentes de Transporte são baseadas na Tecnologia da Informação e Comunicação.

   IV. Os Sistemas Inteligentes de Transporte podem adotar o conceito de Internet das Coisas em suas soluções.

   Está(ão) correta(s) apenas a(s) afirmativa(s):

   a. I.
   b. II, III e IV.
   c. I, II e III.
   d. IV.
   e. II e IV.

## Questões para reflexão

1. Nas últimas décadas, assim como o transporte privado tem incorporado o uso de tecnologias focadas na condução e voltadas à segurança viária, a forma como o condutor de ônibus dirige também é preponderante para a segurança dos passageiros e dos demais usuários do sistema de mobilidade inseridos no contexto em que ele trafega. Via de

regra, a tendência é que, sempre que possível, os veículos de transporte público absorvam as tecnologias empregadas nos veículos privados. Quais seriam exemplos dessas tecnologias e de seus benefícios?

2. Um dos primeiros sistemas rodoviários do mundo, projetado por Robert Moses, entrou em funcionamento em 1930 no estado de Nova York, nos Estados Unidos. Apesar de todo o estudo na fase de projeto, menos de dois anos após sua abertura, o sistema atingiu sua capacidade máxima. Para corrigir a situação, ele passou por uma ampliação, porém, em pouco tempo, a saturação da capacidade máxima se repetiu. Que lição essa história deixa?

# Considerações finais

O nascimento do transporte público no mundo remonta à exploração de um nicho de mercado com demanda por viagens com itinerários e frequências predeterminados. No Brasil, conforme expusemos, ele surgiu com a chegada da família real e com a necessidade de levar o povo às tradicionais cerimônias da Coroa, como demonstração de popularidade. Contudo, nenhuma dessas trajetórias iniciais, ambas individualistas, poderia antecipar a importância coletiva, socioeconômica e inclusiva que o transporte público ganharia no decorrer dos anos.

Destacar esse histórico e sua relevância para as dimensões social, ambiental e econômica foi nosso objetivo no início desta obra, o qual foi ampliado com a apresentação dos tão prejudiciais ciclos da imobilidade. A abordagem dessas questões serviu para comprovar a importância do tema principal – a gestão do sistema de transporte público –, que constitui uma alternativa para melhorar a qualidade do serviço entregue à população.

Nesse sentido, também lançamos luz sobre a legislação a ser observada no exercício da gestão do sistema de transporte, sobre a organização estrutural brasileira e sobre as etapas de planejamento, execução e fiscalização atinentes ao gerenciamento por competência indelegável do município. A concessão e o processo de licitação foram temas que demandaram especial atenção, dado que, no Brasil, optou-se amplamente pela delegação da operação do sistema de transporte público coletivo à iniciativa privada.

Encerramos nossa abordagem com uma pequena demonstração do uso da tecnologia como incremento das atividades de gestão, em âmbito gerencial e operacional, identificando benefícios gerados para os usuários do serviço, para o poder público e para as operadoras.

Esta obra representa um apanhado de conceitos e práticas indispensáveis para a gestão dos sistemas de transporte público, de forma a obterem-se melhores resultados. Assim, esperamos ter contribuído para suscitar seu interesse pelo tema, a fim de que você, leitor, possa futuramente contribuir – por meio de seu trabalho, por meio de pesquisas ou por sua postura de valorização – com esse serviço tão essencial para as pessoas e as cidades.

✦ ✦ ✦

# Lista de siglas

| | |
|---|---|
| ANTP | Associação Nacional de Transportes Públicos |
| ADH | Atlas da vulnerabilidade social nos municípios e regiões metropolitanas brasileiras |
| ASA | Avaliação socioambiental |
| BNDES | Banco Nacional de Desenvolvimento Econômico e Social |
| CCO | Centro de Controle Operacional |
| CET | Companhia de Engenharia de Tráfego |
| Conama | Conselho Nacional do Meio Ambiente |
| DPVAT | Danos Pessoais causados por Veículos Automotores de Vias Terrestres |
| EIA | Estudo de impacto ambiental |
| EIV | Estudo de impacto de vizinhança |
| EMTA | European Metropolitan Transport Authorities |
| GNV | Gás natural veicular |
| Ibam | Instituto Brasileiro de Administração Municipal |
| Ibeu | Índice de Bem-Estar Urbano |
| IBGE | Instituto Brasileiro de Geografia e Estatística |
| IDHM | Índice de Desenvolvimento Municipal |
| IES | Índice de Exclusão Social |
| IoT | *Internet of Things* (Internet das Coisas) |
| Ipea | Instituto de Pesquisa Econômica Aplicada |
| ITS | *Intelligent Transportation Systems* (Sistemas Inteligentes de Transporte) |
| IVS | Índice de Vulnerabilidade Social |
| NFC | *Near field communication* (Comunicação por campo de proximidade) |

| | |
|---|---|
| NTU | Associação Nacional das Empresas de Transportes Urbanos |
| ONU | Organização das Nações Unidas |
| PL | Projeto de lei |
| Pnad | Pesquisa Nacional por Amostra de Domicílios |
| PNMU | Política Nacional de Mobilidade Urbana |
| Pnud | Programa das Nações Unidas para o Desenvolvimento |
| PPP | Parceria público-privada |
| Proálcool | Programa Nacional do Álcool |
| RIT | Rede Integrada de Transporte |
| Semob | Secretaria Nacional de Mobilidade Urbana |
| SIG | Sistema de Informações Geográficas |
| SIG-T | Sistema de Informações Geográficas para transporte |
| SPE | Sociedade de Propósito Específico |
| SPTrans | São Paulo Transportes |
| SUS | Sistema Único de Saúde |
| TIC | Tecnologia da Informação e Comunicação |
| TFL | Transport for London |
| TP | Transporte público |
| UDH | Unidades de Desenvolvimento Urbano |
| UITP | Union Internationale des Transports Publics |

# Referências

ANTP – Associação Nacional de Transportes Públicos. **Sistema de informações da mobilidade urbana:** relatório comparativo 2003/2014 – julho de 2016. 2016. Disponível em: <http://files.antp.org.br/2016/9/3/sistemasinformacao-mobilidade--comparativo-2003_2014.pdf>. Acesso em: 11 set. 2020.

ANTP – Associação Nacional de Transportes Públicos. **Sistema de Informações da Mobilidade Urbana da Associação Nacional de Transportes Público – Simob/ANTP:** relatório geral 2016. 2018. Disponível em: <http://files.antp.org.br/simob/simob-2016-v6.pdf>. Acesso em: 11 set. 2020.

ARAÚJO, K. W. G. de et al. Gestão e regulação de redes de transporte público: um estudo comparativo Paris-Recife. In: CONGRESSO NACIONAL DE PESQUISA EM TRANSPORTE – ANPET, 30., 2016, Rio de Janeiro. **Anais...**

ARTHUR D. LITTLE; UITP – International Association of Public Transport. **The Future of Urban Mobility 2.0:** Imperatives to Shape Extended Mobility Ecosystems of Tomorrow. Jan. 2014. Disponível em: <https://www.adlittle.com/sites/default/files/viewpoints/2014_ADL_UITP_Future_of_Urban_Mobility_2_0_Full_study.pdf>. Acesso em: 10 set. 2020.

BARKER, T. C.; ROBBINS, M. **A History of London Transport.** London: Routledge. 2007.

BIANCHI, I. M. **A forma urbana e o custo da mobilidade.** Disponível em: <http://files-server.antp.org.br/_5dotSystem/download/dcmDocument/2015/06/15/20CA40A0-C608-4C16-9B6D-623F2F8B82F8.pdf>. Acesso em: 9 set. 2020.

BICYCLE INNOVATION LAB. **Bicycle Library.** Disponível em: <https://bicycleinnovationlab.dk/bicycle-library/?lang=en>. Acesso em: 9 set. 2020.

BLUMENAU. Secretaria Municipal de Trânsito e Transportes. **Edital de concorrência n. 38/2016:** concessão do serviço de transporte público coletivo urbano no Município de Blumenau – Anexo VI. 2016. Disponível em: <https://www.blumenau.sc.gov.br/secretarias/seterb/

pagina/concessao-transporte-coletivo-seterb/edital-transporte-seterb&download=f04cbdcc9ea60f6a1f98c88ecea44c26>. Acesso em: 10 set. 2020.

BNDES – Banco Nacional do Desenvolvimento. **Cartilha de cidades**. Brasília, 2018. Disponível em: <https://www.bndes.gov.br/wps/wcm/connect/site/db27849e-dd37-4fbd-9046-6fda14b53ad0/produto-13-cartilha-das-cidadespublicada.pdf?MOD=AJPERES&CVID=m7tz8bf>. Acesso em: 10 set. 2020.

BOOZ, A. **Integrating Australia's Transport Systems**: a Strategy for an Efficient Transport Future. Infrastructure Partnership: Austrália, 2012.

BRASIL. Constituição (1988). **Diário Oficial da União**, Brasília, DF, 5 out. 1988. Disponível: <http://www.planalto.gov.br/ccivil_03/constituicao/constituicao.htm>. Acesso em: 9 set. 2020.

BRASIL. Constituição (1988). Emenda Constitucional n. 19, de 4 de junho de 1998. **Diário Oficial da União**, Poder Legislativo, Brasília, DF, 5 jun. 1998. Disponível em: <https://www.planalto.gov.br/ccivil_03/Constituicao/Emendas/Emc/emc19.htm>. Acesso em: 11 set. 2020.

BRASIL. Lei n. 7.418, de 16 de dezembro de 1985. **Diário Oficial da União**, Poder Legislativo, Brasília, DF, 17 dez. 1985. Disponível em: <http://www.planalto.gov.br/ccivil_03/leis/l7418.htm>. Acesso em: 10 set. 2020.

BRASIL. Lei n. 8.429, de 2 de junho de 1992. **Diário Oficial da União**, Poder Executivo, Brasília, DF, 3 jun. 1992. Disponível em: <http://www.planalto.gov.br/ccivil_03/leis/l8429.htm>. Acesso em: 10 set. 2020.

BRASIL. Lei n. 8.666, de 21 de junho de 1993. **Diário Oficial da União**, Poder Legislativo, Brasília, DF, 22 jun. 1993. Disponível em: <http://www.planalto.gov.br/ccivil_03/leis/l8666cons.htm>. Acesso em: 10 set. 2020.

BRASIL. Lei n. 8.987, de 13 de fevereiro de 1995. **Diário Oficial da União**, Poder Legislativo, Brasília, DF, 14 fev. 1995. Disponível em: <http://www.planalto.gov.br/ccivil_03/leis/L8987compilada.htm>. Acesso em: 10 set. 2020.

BRASIL. Lei n. 10.257, de 10 de julho de 2001. Diário Oficial da União, Poder Legislativo, Brasília, DF, 11 jul. 2001. Disponível em: <http://www.planalto.gov.br/ccivil_03/leis/leis_2001/l10257.htm>. Acesso em: 9 set. 2020.

BRASIL. Lei n. 11.079, de 30 de dezembro de 2004. **Diário Oficial da União**, Poder Executivo, Brasília, DF, 31 dez. 2004. Disponível em: <http://www.planalto.gov.br/ccivil_03/_ato2004-2006/2004/Lei/L11079.htm>. Acesso em: 10 set. 2020.

BRASIL. Lei n. 12.587, de 3 de janeiro de 2012. **Diário Oficial da União**, Poder Legislativo, Brasília, DF, 4 jan. 2012. Disponível em: <http://www.planalto.gov.br/ccivil_03/_Ato2011-2014/2012/Lei/L12587.htm>. Acesso em: 9 set. 2020.

BRASIL. Lei n. 13.089, de 12 de janeiro de 2015. **Diário Oficial da União**, Poder Legislativo, Brasília, DF, 13 jan. 2015a. Disponível em: <http://www.planalto.gov.br/ccivil_03/_ato2015-2018/2015/lei/l13089.htm>. Acesso em: 9 set. 2020.

BRASIL. Lei n. 13.529, de 4 de dezembro de 2017. **Diário Oficial da União**, Poder Executivo, Brasília, DF, 5 dez. 2017. Disponível em: <http://www.planalto.gov.br/ccivil_03/_Ato2015-2018/2017/Lei/L13529.htm>. Acesso em: 10 set. 2020.

BRASIL. Lei n. 13.640, de 26 de março de 2018. **Diário Oficial da União**, Poder Legislativo, Brasília, DF, 27 mar. 2018a. Disponível em: <http://www.planalto.gov.br/ccivil_03/_Ato2015-2018/2018/Lei/L13640.htm>. Acesso em: 9 set. 2020.

BRASIL. Lei n. 13.683, de 19 de junho de 2018. **Diário Oficial da União**, Poder Executivo, Brasília, DF, 20 jun. 2018b. Disponível em: <http://www.planalto.gov.br/ccivil_03/_Ato2015-2018/2018/Lei/L13683.htm>. Acesso em: 9 set. 2020.

BRASIL. Lei n. 14.000, de 19 de maio de 2020. **Diário Oficial da União**, Poder Legislativo, Brasília, DF, 20 maio 2020a. Disponível em: <http://www.planalto.gov.br/ccivil_03/_Ato2019-2022/2020/Lei/L14000.htm#art1>. Acesso em: 11 set. 2020.

BRASIL. Lei Complementar n. 140, de 8 de dezembro de 2011. **Diário Oficial da União**, Poder Legislativo, Brasília, DF, 9 dez. 2011. Disponível em: <http://www.planalto.gov.br/ccivil_03/LEIS/LCP/Lcp140.htm>. Acesso em: 10 set. 2020.

BRASIL. Medida Provisória n. 904, de 11 de novembro de 2019. **Diário Oficial da União**, Poder Executivo, Brasília, DF, 12 nov. 2019a. Disponível em: <http://www.planalto.gov.br/ccivil_03/_Ato2019-2022/2019/Mpv/mpv904.htm>. Acesso em: 10 set. 2020.

BRASIL. Ministério das Cidades. **Gestão do sistema de transporte público coletivo**. Brasília: Ministério das Cidades (Caderno Técnico de Referência). Disponível em: <https://www.mdr.gov.br/images/stories/ArquivosSEMOB/Biblioteca/

Caderno-Tecnico-de-Referencia-Gestao-do-Sistema-de-Transporte-Publico-Coletivo.pdf>. Acesso em: 27 jul. 2020a.

BRASIL. Ministério das Cidades. **PlanMob:** Caderno de Referência para Elaboração de Plano de Mobilidade Urbana. Brasília, 2015b. Disponível em: <https://www.mdr.gov.br/images/stories/Arquivos SE/planmob.pdf>. Acesso em: 9 set. 2020.

BRASIL. Ministério da Cidades. Ibam – Instituto Brasileiro de Administração Municipal. **A mobilidade urbana no planejamento da cidade.** Brasília: Ministério das Cidades. Disponível em: <http://www.ibam.org.br/media/arquivos/estudos/mobilidade_urbana.pdf>. Acesso em: 10 set. 2020b.

BRASIL. Ministério das Cidades. Secretaria Nacional de Mobilidade Urbana. **Indicadores para monitoramento e avaliação da efetividade da Política Nacional de Mobilidade Urbana (PNMU).** Brasília: Ministério das Cidades, 2018c. Disponível em: <https://www.mdr.gov.br/images/stories/ArquivosSEMOB/publicacoes/relatorio indicadores2018.pdf>. Acesso em: 10 set. 2020.

BRASIL. Ministério do Meio Ambiente. Conselho Nacional do Meio Ambiente. Resolução n. 237, de 19 de dezembro de 1997. **Diário Oficial da União,** Brasília, DF, 22 dez. 1997. Disponível em: <http://www.mma.gov.br/port/conama/res/res97/res23797.html>. Acesso em: 10 set. 2020.

BRASIL. Supremo Tribunal Federal. Ação Direta de Inconstitucionalidade n. 6262, de 13 de dezembro de 2019. **Diário de Justiça Eletrônico,** Brasília, DF, 13 dez. 2019b. Disponível em: <http://portal.stf.jus.br/processos/downloadPeca.asp?id=15342011453&ext=.pdf>. Acesso em: 3 set. 2020.

CALIPER. TransCAD. Newton, MA. Sistema de Informações Geográficas.

CARVALHO, C. H. R. de. Emissões relativas de poluentes do transporte urbano. **Boletim Regional, Urbano e Ambiental,** n. 5, p. 123-139, jun. 2011. Disponível em: <http://repositorio.ipea.gov.br/bitstream/11058/5574/1/BRU_n05_emiss%C3%B5es.pdf>. Acesso em: 9 set. 2020.

CARVALHO, C. H. R. de et al. Tarifação e financiamento do transporte público urbano. **Nota técnica,** Brasília, n. 2, jul. 2013. Disponível em: <http://repositorio.ipea.gov.br/bitstream/11058/1365/1/Nota_Tecnica_Tarifa%c3%a7%c3%a3o_e_financiamento_do_transporte_p%c3%bablico_urbano.pdf>. Acesso em: 10 set. 2020.

CEZARIO, H. C.; ROEDEL, L.; BERNARDINIS, M. de A. P. **Roteiro para elaboração de planos de mobilidade para cidades de pequeno porte.** Curitiba: Setor de Tecnologia UFPR, 2016.

CHOI, K. The Implementation of an Intergrated Transportation Planning Model with GIS and Expert Systems for Interactive Transportation Planning. Thesis (Philosophy Doctor) – University of Illinois, Urbana, Champaign, 1993

CINTRA, M. **Os custos dos congestionamentos na cidade de São Paulo.** São Paulo: FGV, 2014. (Texto para Discussão, n. 356). Disponível em: <https://bibliotecadigital.fgv.br/dspace/bitstream/handle/10438/11576/TD%20356%20-%20Marcos%20Cintra.pdf>. Acesso em: 9 set. 2020.

COLTRO, A. **Teoria geral da administração.** Curitiba: InterSaberes, 2015.

CORDEIRO, F. Ônibus começam a aceitar cartão de crédito e débito em SP; veja as linhas. **Estadão,** São Paulo, 16 set. 2019. Disponível em: <https://sao-paulo.estadao.com.br/noticias/geral,onibus-comecam-a-aceitar-cartao-de-credito-e-debito-em-sp-veja-as-linhas,70003012049/>. Acesso em: 11 set. 2020.

CUNHA, D. F. et al. Sistemas de Transporte Inteligentes: conceitos, aplicações e desafios. In: SIMPÓSIO BRASILEIRO DE REDES DE COMPUTADORES E SISTEMAS DISTRIBUÍDOS, 25., 2017, Belém. **Anais...** Porto Alegre: SBC, 2017. p. 59-103. Disponível em: <https://sbrc2017.ufpa.br/wp-content/uploads/2017/05/proceedingsMinicurso2017.pdf>. Acesso em: 11 set. 2020.

CUNHA, M. A. et al. **Smart Cities:** transformação digital de cidades. São Paulo: Programa Gestão Pública e Cidadania – PGPC, 2016. Disponível em: <https://bibliotecadigital.fgv.br/dspace/handle/10438/18386>. Acesso em: 11 set. 2020.

CURITIBA. Lei n. 14.771, de 17 de dezembro de 2015. **Diário Oficial Municipal,** Curitiba, 17 dez. 2015. Disponível em: <https://mid.curitiba.pr.gov.br/2015/00175701.pdf>. Acesso em: 10 set. 2020.

CURITIBA. Urbanização de Curitiba. **Dimensionamento da frota.** Disponível em: <https://www.urbs.curitiba.pr.gov.br/transporte/rede-integrada-de-transporte/33>. Acesso em: 9 set. 2020.

DUARTE, M. S. D. M. **Modelos de gestão e financiamento de transportes coletivos urbanos.** 140 f. Dissertação (Mestrado em Engenharia) – Universidade do Porto, Porto, 2012. Disponível em: <https://repositorio-aberto.up.pt/bitstream/10216/68370/1/000154906.pdf>. Acesso em: 9 set. 2020.

EMTA – European Metropolitan Transport Authorities. **Innovative Funding Solutions for Public Transport:** Survey Results. Nov. 2017. Disponível em: <https://www.emta.com/IMG/pdf/rebelgroup_report.pdf?3551/b668221d45112e5f2e31c78487a242f83e1f2613>. Acesso em: 10 set. 2020.

FERRAZ, A. C. P.; TORRES, I. G. E. **Transporte público urbano.** 2. ed. ampl. e atual. São Carlos: Rima, 2004.

GALHARDI, E.; PACINI, P.; VERDOLIN, I. **Conduzindo o progresso:** a história do transporte e os 20 anos da NTU. Brasília: Escritório de Histórias, 2007.

GEOLOGÍSTICA. **TransCAD.** Newton, MA. Sistema de informações geográficas.

GIANOLLA, R. O desafio de aplicar a Lei de Mobilidade Urbana nos municípios brasileiros. **Revista NTU Urbano,** Brasília, ano 2, n. 11, p. 9-11, set./out. 2014. Entrevista. Disponível em: <https://www.ntu.org.br/novo/upload/Publicacao/Pub635503446294676813.pdf>. Acesso em: 10 set. 2020.

GUERRA, A. L.; BARBOSA, H. M.; OLIVEIRA, L. K. de. Estimativa de matriz origem/destino utilizando dados do sistema de bilhetagem eletrônica: proposta metodológica. **Transportes,** v. 22, n. 3, p. 26-38, 2014. Disponível em: <https://www.revistatransportes.org.br/anpet/article/view/789>. Acesso em: 11 set. 2020.

HARRISON, C.; DONNELLY, I. A. A Theory of Smart Cities. In: ANNUAL MEETING OF THE ISSS, 55., 2011, Hull. **Proceedings...** Disponível em: <https://journals.isss.org/index.php/proceedings55th/article/view/1703/572>. Acesso em: 11 set. 2020.

HARVEY, D. **Paris:** capital da modernidade. São Paulo: Boitempo, 2015.

IBGE – Instituto Brasileiro de Geografia e Estatística. **Downloads.** Disponível em: <https://www.ibge.gov.br/geociencias/downloads-geociencias.html>. Acesso em: 11 set. 2020.

INRIX RESEARCH. **Global Traffic Scorecard.** Fev. 2019. Disponível em: <https://static.poder360.com.br/2019/02/INRIX_2018_Global_Traffic_Scorecard_Report__final_.pdf>. Acesso em: 9 set. 2020.

IPEA – Instituto de Pesquisa Econômica Aplicada. IVS: Atlas da Vulnerabilidade Social. **Biblioteca.** Disponível em: <http://ivs.ipea.gov.br/index.php/pt/biblioteca>. Acesso em 13 ago. 2020a.

IPEA – Instituto de Pesquisa Econômica Aplicada. IVS: Atlas da Vulnerabilidade Social. **O atlas:** atlas da vulnerabilidade social nos municípios e regiões metropolitanas brasileiras. Disponível em: <http://ivs.ipea.gov.br/index.php/pt/sobre>. Acesso em: 10 set. 2020b.

IPEA – Instituto de Pesquisa Econômica Aplicada; ANTP – Associação Nacional de Transportes Públicos. Redução das deseconomias urbanas com a melhoria do transporte público. **Revista dos Transportes Públicos**, ano 21, n. 82, p. 35-92, 1. trim. 1999. Disponível em: <http://files-server.antp.org.br/_5dotSystem/download/dcmDocument/2013/01/10/057A84C9-76D1-4BEC-9837-7E0B0AEAF5CE.pdf>. Acesso em: 9 set. 2020.

ITDP – Instituto de Políticas de Transporte & Desenvolvimento. O transporte de média e alta capacidade nas cidades brasileiras. **Mobilidados em Foco**, boletim n. 4, out. 2019. Disponível em: <https://itdpbrasil.org/wp-content/uploads/2019/10/Boletim4_MobiliDADOS.pdf>. Acesso em: 9 set. 2020.

JACOBS, J. **Morte e vida de grandes cidades**. Tradução de Carlos S. Mendes Rosa. 3. ed. São Paulo: WMF Martins Fontes, 2011. (Coleção Cidades).

LIMA NETO, V. C.; GALINDO, E. P. **Planos de mobilidade urbana**: instrumento efetivo da política pública de mobilidade? Rio de Janeiro: Ipea, 2015. (Texto para discussão n. 2115). Disponível em: <http://repositorio.ipea.gov.br/bitstream/11058/5274/1/td_2115.pdf>. Acesso em: 9 set. 2020.

MAGUIRE, D. J. An Overview and Definition of GIS. In: MAGUIRE D. J.; GOODCHILD M. F.; RHIND, D. W. (Ed.). **Geographical Information Systems**. New York: Longman Scientific & Technical and John Wiley, 1991. p. 9-20. Disponível em: <http://lidecc.cs.uns.edu.ar/~nbb/ccm/downloads/Literatura/OVERVIEW%20AND%20DEFINITION%20OF%20GIS.pdf>. Acesso em: 10 set. 2020.

MANTOVANI, L. C. et al. **Construindo hoje o amanhã**: propostas para o transporte público e a mobilidade urbana sustentável no Brasil. Brasília: ANTP, 2019. (Série Cadernos Técnicos, v. 25). Disponível em: <http://files.antp.org.br/2019/7/2/construindo-o-amanha_web_erratas.pdf>. Acesso em: 10 set. 2020.

MOBILIZE BRASIL. **Edital público em Santo André (SP) decreta fim do diesel nos ônibus**. 9 nov. 2018. Disponível em: <https://www.mobilize.org.br/noticias/11308/edital-publico-em-santo-andre-sp-decreta-fim-do-diesel-nos-onibus.html>. Acesso em: 10 set. 2020.

MORATO, M. Bogotá: um conceito de transporte público que vai além de veículos de transporte de massa. **Revista Eletrônica de Arquitetura e Urbanismo da Universidade São Judas Tadeu**, São Paulo, n. 13, p. 5-23, 2015. Disponível em: <https://revistaarqurb.com.br/arqurb/article/view/266/231>. Acesso em: 11 set. 2020.

NTU – Associação Nacional das Empresas de Transportes Urbanos. **Bilhetagem eletrônica, versão 4.0**. Brasília, 26 nov. 2018. Disponível em: <https://www.ntu.org.br/novo/NoticiaCompleta.aspx?idArea=10&idSegundoNivel=107&idNoticia=1058>. Acesso em:11 set. 2020.

NTU – Associação Nacional das Empresas de Transportes Urbanos. **Centro de Documentação e Memória Eurico Divon Galhardi**. Brasília: NTU; CNT, 2019. Disponível em: <https://www.ntu.org.br/novo/upload/Publicacao/Pub637008801526498902.pdf>. Acesso em: 11 set. 2020.

NTU – Associação Nacional das Empresas de Transportes Urbanos. **Sistemas Inteligentes de Transportes** – ITS. Brasília: Associação Nacional das Empresas de Transporte Urbano, 2013. Disponível em: <https://www.ntu.org.br/novo/upload/Publicacao/Pub635889696401808391.pdf>. Acesso em: 10 set. 2020.

OBSERVATÓRIO DAS METRÓPOLES. **Índice de Bem-Estar Urbano**. Disponível em: <http://ibeu.observatoriodasmetropoles.net.br/>. Acesso em: 10 set. 2020.

O'FLAHERT, C. A. et al. **Transport Planning and Traffic Engineering**. Rio de Janeiro: Elsevier, 1997.

PAVELSKI, M. P.; BERNARDINIS, M. de A. P. Mobilidade urbana: quais as soluções para as adversidades das cidades do futuro? In: SANTOS, F. dos (Org.). **Geografia no século XXI**. Belo Horizonte: Poisson, 2019. v. 4. p. 7-17. Disponível em: <https://www.poisson.com.br/livros/geografia/seculo/volume4/>. Acesso em: 10 set. 2020.

PERON, L. **Contribuição metodológica para aplicação de prioridade semafórica condicional em corredores de ônibus**. 120 f. Dissertação (Mestrado em Engenharia de Transportes) – Universidade de São Paulo, São Paulo, 2015. Disponível em: <https://www.teses.usp.br/teses/disponiveis/3/3138/tde-05112015-103715/publico/DISSERTACAO_LUCIANOPERON.pdf>. Acesso em: 11 set. 2020.

PESCATORI, C. Cidade compacta e cidade dispersa: ponderações sobre o projeto do Alphaville Brasília. **Revista Brasileira de Estudos Urbanos e Regionais**, v. 17, n. 2, p. 40-62, ago. 2015. Disponível em: <https://rbeur.anpur.org.br/rbeur/article/view/4995/4689>. Acesso em: 9 set. 2020.

PNUD BRASIL. **O que é o IDHM**. Disponível em: <http://www.br.undp.org/content/brazil/pt/home/idh0/conceitos/o-que-e-o-idhm.html>. Acesso em: 10 set. 2020.

POCHMANN, M.; AMORIM, R. (Org.). **Atlas da exclusão social no Brasil**. 2. ed. São Paulo: Cortez, 2003.

PORTUGAL, L. da S.; SILVA, M. A. V. da. Índices de desenvolvimento e mobilidade sustentáveis. In: PORTUGAL, L. da S. (Org.). **Transporte, mobilidade e desenvolvimento urbano.** Rio de Janeiro: Elsevier, 2017. p. 39-63.

SÃO PAULO (Município). **Competências e atribuições:** Secretaria Municipal de Mobilidade e Transportes. Disponível em: <https://www.prefeitura.sp.gov.br/cidade/secretarias/transportes/acesso_a_informacao/index.php?p=178653>. Acesso em: 10 set. 2020.

SCHEIN, A. L. **Sistema de informação ao usuário como estratégia de fidelização e atração.** 148 f. Dissertação (Mestrado em Engenharia de Produção) – Universidade Federal do Rio Grande do Sul, Porto Alegre, 2003. Disponível em: <http://www.producao.ufrgs.br/arquivos/publicacoes/AugustoLeonardoSchein.pdf>. Acesso em: 11 set. 2020.

SEGURADORA LÍDER. **Sobre o seguro DPVAT.** Disponível em: <https://www.seguradoralider.com.br/Seguro-DPVAT/Sobre-o-Seguro-DPVAT>. Acesso em: 10 set. 2020.

SMART COMMUTE. **What is Smart Commute?** Disponível em: <https://smartcommute.ca/about-us/what-is-smart-commute/>. Acesso em: 5 ago. 2020.

UN – United Nations. **Population.** Disponível em: <https://www.un.org/en/sections/issues-depth/population/index.html>. Acesso em: 11 set. 2020.

VASCONCELLOS, E. A. de. **Políticas de transporte no Brasil:** a construção da mobilidade excludente. Barueri: Manole, 2013.

VILLAÇA, F. Dilemas do Plano Diretor. In: CEPAM. **O município no século XXI:** cenários e perspectivas. São Paulo: Cepam, 1999. p. 237-248.

# Respostas*

## Capítulo 1
Questões para revisão

1. A principal razão para a queda da demanda por transporte público, que desencadeou sua extinção 15 anos após seu surgimento, foi o aumento da tarifa. Essa mudança findou a modicidade que tornava o serviço acessível a todos, desestimulando seu uso pelas pessoas que não dispunham de meio privado de transporte, as principais interessadas. Assim como naquela época, o preço da tarifa ainda é determinante para a população. Podemos, inclusive, apontar as manifestações ocorridas na última década, especialmente as do ano de 2013, como prova da luta popular por manter o direito de acesso a esse serviço, previsto na Constituição Federal.

2. Houve três principais fatos históricos responsáveis pela evolução dos transportes públicos: a Revolução Industrial, a Primeira Guerra Mundial e a Segunda Guerra Mundial. A Revolução Industrial foi impulsionada pelo surgimento das máquinas; as atividades antes realizadas em casa por artesãos passaram a ser executadas em fábricas, o que exigia que os trabalhadores se deslocassem até as instalações e gerava uma crescente demanda por transporte. Já a Primeira e a Segunda Guerras Mundiais, apesar dos efeitos degradantes para a humanidade, geraram uma corrida por tecnologias que proporcionassem vantagens para aqueles que as possuíssem. Assim, esses conflitos foram responsáveis, respectivamente, pelo desenvolvimento de veículos e pela criação de tipos de combustíveis, tornando o transporte motorizado cada vez mais eficiente.

3. e
4. c
5. d

✦ ✦ ✦

* As obras citadas nas respostas encontram-se listadas na seção Referências.

Questões para reflexão

1. Por transportar mais pessoas do que o transporte privado, o impactos ambientais e econômicos. De modo geral, oferece maior equidade aos usuários que não têm possibilidade de adquirir veículo próprio, ampliando o acesso da população a diversas atividades, como estudo, trabalho, saúde e lazer.

2. Embora ambos sejam formas de transporte em que o usuário paga pelo uso temporário do veículo, o que os diferencia é o fato de que qualquer pessoa pode utilizar o táxi sem obrigatoriedade de dispor de aplicativo ou de qualquer ferramenta específica como canal de comunicação e meio de solicitar o serviço.

# Capítulo 2

Questões para revisão

1. Existem três tipologias, quais sejam:

    1. **Baixo grau de intervenção** – Caracteriza-se pela maturidade e pela iniciativa do próprio mercado em regime desregulamentado; os operadores do transporte público são responsáveis por determinar itinerários, frequências e tarifas do serviço oferecido, sem a existência de concurso público ou contrato com autoridades competentes. Eventualmente, algum contrato pode ser realizado visando a preencher alguma lacuna ou carência do sistema.

    2. **Intervenção ponderada** – Consiste em iniciativa do mercado com regulação do Estado, sendo necessária uma permissão (que não caracteriza concurso público) para atuar. Os parâmetros do serviço ficam ao encargo da Administração Pública.

    3. **Alto grau de intervenção** – Exige concurso público pelo direito de operar o serviço, cujos iniciativa e parâmetros são estabelecidos pelo Poder Público.

2. A **gestão direta** ocorre quando o município opta por operar o sistema de transporte público. A **gestão indireta** acontece quando o município delega esse serviço à iniciativa privada. Municípios menores tendem a optar por gestão direta, já que o pequeno volume de passageiros pode tornar inviável o repasse do serviço, o qual, nesse caso, é exercido por empresa pública. A agilidade inerente ao setor privado na prestação de um serviço público, por sua vez, pode ser apontada como justificativa para a escolha da gestão indireta.

3. b

4. a

5. a

## Questões para reflexão

1. Estabelecer as diretrizes estratégicas do Sistema Nacional de Mobilidade Urbana, prestar assistência técnica e financeira aos estados, ao Distrito Federal e aos municípios, além de capacitar o desenvolvimento de suas instituições. Também figuram entre suas atribuições fomentar os projetos de grande e de média capacidade e apoiar a ação coordenada entre os demais entes federativos em áreas conurbadas*.

2. Como se trata de uma área conurbada, a responsabilidade pela prestação é da Administração Pública na esfera estadual, a quem é atribuída a tarefa de prestar os serviços de transporte público coletivo urbano de caráter intermunicipal e garantir a continuidade do transporte em áreas que ultrapassam os limites municipais. Além disso, cabe aos estados propor a política tarifária.

# Capítulo 3

## Questões para revisão

1. O Estatuto da Cidade e a Política Nacional de Mobilidade Urbana (PNMU) são leis federais, e o Plano Diretor é uma lei municipal. O Estatuto da Cidade – Lei n. 10.257, de 10 de julho de 2001 (Brasil, 2001) – estabeleceu a necessidade de toda cidade com 500 mil habitantes ou mais elaborar plano de transporte urbano integrado, que poderia ser independente ou estar contido no Plano Diretor, sendo este último obrigatório aos municípios com 20 mil habitantes ou mais, como requisito para acesso a recursos financeiros com fins urbanísticos. Posteriormente, a PNMU – Lei n. 12.587, de 3 de janeiro de 2012 (Brasil, 2012) – determinou o novo contingente de 20 mil habitantes como requisito e ampliou o entendimento do conteúdo do plano de trans-

✦ ✦ ✦

\* Áreas conurbadas são regiões em que territórios de municípios diferentes se encontram, sem a identificação clara de um limite espacial, formando um aglomerado urbano contínuo. Situação muito evidenciada nas divisas de municípios que compõem regiões metropolitanas.

porte com o Plano Setorial de Mobilidade Urbana. O Plano Diretor tem papel de instrumento de execução diante das disposições do Estatuto da Cidade e da PNMU.

2. O processo licitatório, conforme a Lei de Licitações – Lei n. 8.666, de 21 de junho de 1993 (Brasil, 1993) –, exige que sejam adotados os princípios de impessoalidade, moralidade, igualdade, publicidade, probidade administrativa, vinculação ao instrumento convocatório e julgamento objetivo. Tais exigências conduzem a licitação de forma transparente, coibindo a corrupção, o favorecimento e as ações não desejáveis nos processos e contratos.

3. a

4. e

5. b

## Questões para reflexão

1. Essa decisão tem a ver com a inclusão de um maior número de municípios em uma visão futura da mobilidade planejada para o Brasil. O primeiro parâmetro, que incluía os municípios com 500 mil ou mais habitantes, era restrito a um pequeno número de cidades brasileiras. Ao estabelecer o novo patamar de 20 mil habitantes, o número de municípios que deveriam apresentar plano de mobilidade urbana passou de 38 para 1669.

2. Moradia, saúde e trabalho figuram entre as principais causas motivadoras de deslocamentos dentro do tecido urbano. Seguindo essa linha de pensamento, é necessário identificar toda a dinâmica de deslocamentos da cidade para oferecer um transporte público de qualidade.

# Capítulo 4

## Questões para revisão

1. São mais abrangentes que a gestão de sistemas de transporte público: a gestão pública e a gestão do sistema de mobilidade. A primeira orienta todo o serviço de ordem pública, sendo o norte da condução de processos licitatórios e indispensável para concessões e permissões. A segunda envolve a gestão de sistemas de transporte público porque este não poderia ser gerenciado de forma isolada, pois está conectado a vários elementos em seu contexto: outros meios de transporte, infraestrutura urbana e a cidade como

um todo. Enquanto os níveis de gestão pública e da mobilidade denotam características estratégicas, o nível de gestão de sistemas de transporte articula-se com elementos táticos e operacionais.

2. Segundo a Associação Nacional de Transportes Públicos (Mantovani et al. 2019), esse sistema cruzado é perverso, pois representa um imposto indireto que recai sobre os menos favorecidos. Um exemplo dele seria o caso dos trabalhadores informais, que acabam subsidiando o vale-transporte dos trabalhadores formais.

3. b

4. d

5. a

## Questões para reflexão

1. A forma como é estabelecida a estrutura tarifária é importante para a definição da tarifa pública e de seu caráter inclusivo. Uma tarifa unitária, por exemplo, é mais inclusiva do que uma tarifa por quilômetro para a população que reside em áreas mais afastadas, que pagaria valores mais altos em razão da distância percorrida.

2. Os instrumentos que podem ser utilizados são variáveis: órgãos colegiados com representantes da sociedade civil e ouvidorias, procedimentos sistemáticos de comunicação e satisfação e audiências públicas, conforme previsto na Lei n. 12.587/2012.

# Capítulo 5

## Questões para revisão

1. Em Frankfurt, a tarifa é baseada em zonas tarifárias; assim, quanto mais distante é a viagem realizada, maior é a tarifa cobrada. Isso significa que quem mora mais longe arca com tarifas mais altas do que quem reside em uma área central. Na realidade brasileira, o que geralmente acontece é que a população mais vulnerável socioeconomicamente reside nas áreas mais afastadas, normalmente desprovidas de infraestrutura urbana e equipamentos públicos. Isso torna necessárias as viagens para as regiões mais estruturadas da cidade por uma infinidade de motivos, como busca por equipamentos de saúde, escolas e empregos, entre outros. A aplicação da política tarifária alemã no Brasil estaria em desacordo com o princípio de equidade no acesso do

transporte coletivo da PNMU, além de ir contra o objetivo da lei de reduzir as desigualdades e promover a inclusão social.

2. Os exemplos de Hong Kong (China), Copenhague (Dinamarca) e Bogotá (Colômbia) têm em comum o fato de a multimodalidade ter sido usada como alternativa para melhorar a qualidade de serviço de transporte público. Independentemente de o modal usado para conexão ser privado ou público, individual ou coletivo, a complementação dos trajetos com novas possibilidades tem potencial para diminuir o tempo de viagem e até mesmo os custos, em alguns casos.

3. c

4. a

5. d

## Questões para reflexão

1. No Brasil, de modo geral, o transporte público é alvo de muitas críticas e não conta com uma boa avaliação. Esse fato resulta principalmente dos preços das passagens, da lotação, da frequência e da condição de manutenção dos veículos, em muitos casos, sucateados. Para reverter esse quadro, soluções como o uso de faixa seletiva, que diminui o tempo de viagem dos veículos, pode ser uma opção interessante. Além disso, a requalificação dos veículos e da infraestrutura deve ser o centro das discussões na busca por melhoria do serviço oferecido. Finalmente, o equilíbrio econômico do sistema deve ser alvo de ações que visem a desonerar os usuários.

2. O transporte multimodal é a concretização de um sistema de transporte público eficiente. Entretanto, quando pensamos em cidades de médio ou de pequeno porte, a falta de opções no transporte público (que quase sempre se resume a ônibus) é vista como um empecilho. Apesar disso, a dimensão da cidade não deve ser vista como um limitante. O funcionamento de um sistema multimodal não se restringe à quantidade de tipos de veículos que se conectam em uma mesma rede; ele tem relação com a qualidade, a qual deve estar fundamentada na facilidade e nos benefícios oferecidos ao usuário do sistema, principalmente na transição entre os veículos.

# Capítulo 6

## Questões para revisão

1. A tecnologia pode ser uma ferramenta para a coleta sistemática de dados, relativos, por exemplo, à emissão de gases poluentes; também pode servir para controlar o faturamento das empresas ou para possibilitar a comunicação com o usuário, a fim de verificar sua opinião sobre os serviços prestados.

2. Os procedimentos sistemáticos de comunicação e de avaliação da satisfação dos cidadãos podem ser facilitados pelo uso da TIC. Um exemplo seriam as plataformas para sugestões e reclamações, que permitem interação entre a empresa operadora e o usuário do sistema.

3. c

4. a

5. b

## Questões para reflexão

1. São exemplos a emissão de alerta quando há passagem de pedestres, quando é reduzida a distância com relação ao veículo da frente ou quando se verifica mudança de faixa durante o trajeto. Entre os benefícios percebidos estão o menor desgaste das peças do veículo, a redução no consumo de combustível e, principalmente, a redução de risco de envolvimento em acidentes.

2. Esse fato ainda se repete atualmente em virtude da insistente ênfase dada apenas à infraestrutura. É necessário romper com a velha forma de pensar e buscar soluções na tecnologia, tornando mais eficiente a infraestrutura já instalada. Nesse sentido, devem ser tomadas como exemplo as experiências de cidades no mundo todo que já utilizam sistemas inteligentes, os quais otimizam veículos, infraestrutura e sistemas de transporte.

# Sobre a autora

**Luziane Machado Pavelski** é graduada em Desenho Industrial (2008) pela Pontifícia Universidade Católica do Paraná (PUCPR) e em Engenharia Civil (2015) pela Universidade Federal do Paraná (UFPR); especialista em Gestão de Projetos de Engenharia (2017) pela PUCPR; e mestre em Planejamento Urbano (2019) pela UFPR. Atuou como docente na UFPR de 2016 a 2018. Atualmente, colabora como professora no ensino a distância (EaD) de disciplinas da graduação e de MBA, e como coordenadora executiva de planos de mobilidade urbana no Instituto Tecnológico de Transportes e Infraestrutura (ITTI) da UFPR. Além de professora, participa do projeto de pesquisa *Mobilidade urbana sustentável: desafios por uma Cidade Inteligente*.

Os papéis utilizados neste livro, certificados por instituições ambientais competentes, são recicláveis, provenientes de fontes renováveis e, portanto, um meio responsável e natural de informação e conhecimento.

**FSC**
www.fsc.org
**MISTO**
Papel | Apoiando o manejo florestal responsável
**FSC® C103535**

Impressão: Reproset